This guide is intended as a comprehensive reference of vocabulary, structures and (...... ... .ery to be encountered in French at Key Stage 3.

- Vocabulary and structures are presented in a variety of contexts, including everyday activities, personal and social life, the world around us, the world of work and the international world.

- Each topic area contains a number of activities to help you to practise and revise structures and vocabulary.

- Instructions are given in French; you will find a list of these on page 3, so you will know exactly what to do.

- Grammar sections and vocabulary lists are set out clearly and separately.

CONSULTANT EDITORS ...

- **Debbie Hill** - Former Head of Modern Languages at Magdalen College School, Brackley.

- **Gaynor Garton** - Teacher of Modern Languages at Ousedale School, Newport Pagnell.

CONTENTS

Covered in Class | Revised | Revised | Page No.

3   Instructions In French

4   Salut! - Greetings

6   Tu As Quel Age? - Age

8   Tu Es Comment? - What Do You Look Like?

10 Grammaire - Adjective Endings/Vocabulaire

12 Ma Famille - My Family

14 Grammaire - Verbs; Avoir & Etre/Vocabulaire

16 C'est Quel Métier?/Les Animaux Domestiques - Which Job?/Pets

18 Les Sports - Sports

20 Les Passe-Temps/Mes Opinions - Free Time/Opinions

22 Les Endroits/A La Maison - Places To Go/At Home

24 Les Films, Les Livres Et La Musique - Films, Books And Music

26 Grammaire - Faire, Aller, Du, De la, De l', Des/Vocabulaire

28 Quelle Heure Est-il? - What Time Is It?

30 Ma Journée - Daily Routine

32 Grammaire - ~er Verbs, Reflexive Verbs/Vocabulaire

34 Argent De Poche/Aider A La Maison - Pocket Money/Household Chores

36 Ma Maison - My House

38 Ma Chambre - My Bedroom

40 Grammaire - Prepositions/Vocabulaire

42 Chez Une Famille Française - Staying With A French Family

44 Le Collège - School

48 Grammaire - Comparisons/Vocabulaire

50 Où Habites-tu? - Where Do You Live?

52 Pour Aller A La Poste? - Directions

54 Grammaire - Commands/Vocabulaire

56 Faire Des Courses 1 - Shopping 1

58 Faire Des Courses 2 - Shopping 2

60 Au Café - At The Cafe

62 Au Restaurant - At The Restaurant

64 Grammaire - Du, De la, De l', Des & De/Vocabulaire

66 Les Vêtements - Clothes

68 Les Cadeaux - Presents

70 Grammaire - Direct Object Pronouns, Lui & Leur/Vocabulaire

72 Le Corps - Parts Of The Body

74 Grammaire - 'A' With Parts Of The Body, Possessive Adjectives/Vocabulaire

76 On Sort - Making Arrangements To Go Out

78 Grammaire - Modal Verbs (Vouloir, Pouvoir, Devoir, Savoir)/Vocabulaire

80 Voyages - Travel

82 Les Vacances - Holidays

84 Grammaire - Using 'To' With Destinations/Vocabulaire

86 Les Vacances L'Année Dernière - Last Year's Holidays

88 Grammaire - Perfect Tense/Vocabulaire

90 Les Vacances L'Année Prochaine - Next Year's Holidays

92 Grammaire - Simple Future; Negatives/Vocabulaire

94 Index/Answers

The majority of instructions on your French exam papers will be in the target language. The following list is not exhaustive, but will help to illustrate the kind of instructions likely to be encountered:

c'est à qui?	-	whose is it?
c'est combien?	-	how much?
c'est quel(le) ....?	-	which .... is it?
c'est qui?	-	who is it?
choisis	-	choose
comment dit-on en français ....?/en anglais ....?	-	how do you say .... in French? /English?
complète la grille	-	fill in the table
complète les phrases	-	complete the sentences
décris	-	describe
dessine	-	draw
donne tes opinions	-	give your opinions
écris	-	write
enregistre	-	record on to tape
lis	-	read
maintenant à toi	-	now your turn
mets	-	put
mets les phrases en ordre	-	put the sentences in order
parle	-	speak
qu'est-ce qu'ils disent?	-	what are they saying?
qu'est-ce qu'on dit?	-	what would you say?
qu'est-ce que c'est?	-	what is it?
qui parle?	-	who is speaking?
regarde	-	look (at)
relie les paires	-	match up the pairs
remplace les images avec des mots	-	replace the pictures with words
remplis les blancs	-	fill in the gaps
réponds aux questions suivantes	-	answer the following questions
trouve la bonne image	-	find the correct picture
trouve le bon dessin	-	find the correct picture
trouve les bonnes phrases	-	find the correct sentences/phrases
trouve les paires	-	match up the pairs
vrai ou faux?	-	true or false?

 Salut  Bonjour  Bonsoir  Au revoir  Bonne nuit

QU'EST-CE QU'ON DIT - BONJOUR, BONSOIR OU BONNE NUIT?

  1) Bonjour ....

  2) ....

  3) ....

  4) ....

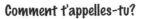

Bonjour

Bonjour

Comment t'appelles-tu?

Je m'appelle Sophie. Et toi?

Je m'appelle Edouard.

Ça s'écrit comment?

E - D - O - U - A - R - D.   Et Sophie?

S - O - P - H - I - E.

Ça va Sophie?

Oui, ça va bien merci. Et toi?

Bof.

L'ALPHABET

A	-	as in c<u>a</u>t	J	-	as in j'y	S	-	es
B	-	bay	K	-	ka	T	-	tay
C	-	say	L	-	el	U	-	as in Hugh
D	-	day	M	-	em	V	-	vay
E	-	as in ugh	N	-	en	W	-	dooble vay
F	-	ef	O	-	oh	X	-	ix
G	-	as in j'ai	P	-	pay	Y	-	ee grek
H	-	ash	Q	-	koo	Z	-	zed
I	-	ee	R	-	air		

COMMENT ÇA VA?

 Ça va très bien merci.

 Ça va bien.

 Ça va.

 Bof.

 Ça ne va pas du tout.

MAINTENANT A TOI!

Comment t'appelles-tu? ....

Ça s'écrit comment? ....

Ça va? ....

VOCABULAIRE

GREETINGS

Bonjour	-	hello
Salut!	-	hi!
Au revoir	-	goodbye
Bonsoir	-	good evening
Bonne nuit	-	good night
Comment ça va? Ça va?	-	how are you?
Ça va (très) bien merci	-	I'm (very) well thank you
Ça va	-	I'm OK
Bof	-	so so
Ça ne va pas (du tout)	-	I'm not OK (at all)

PERSONAL DETAILS

Comment t'appelles-tu? Tu t'appelles comment?	-	what is your name?
Je m'appelle ...	-	my name is/I am called ...
Comment ça s'écrit? Ça s'écrit comment?	-	how do you spell that?

Quel âge as-tu, Sophie?

J'ai treize ans. Mon anniversaire, c'est le quatorze mars. Et toi?

Moi, j'ai douze ans. Mon anniversaire, c'est le onze octobre.

Note:								
1st	-	le premier	11	-	onze	21	-	vingt et un
1	-	un	12	-	douze	22	-	vingt-deux
2	-	deux	13	-	treize	23	-	vingt-trois
3	-	trois	14	-	quatorze	24	-	vingt-quatre
4	-	quatre	15	-	quinze	25	-	vingt-cinq
5	-	cinq	16	-	seize	26	-	vingt-six
6	-	six	17	-	dix-sept	27	-	vingt-sept
7	-	sept	18	-	dix-huit	28	-	vingt-huit
8	-	huit	19	-	dix-neuf	29	-	vingt-neuf
9	-	neuf	20	-	vingt	30	-	trente
10	-	dix				31	-	trente et un

LES MOIS

janvier	-	January	juillet	-	July
février	-	February	août	-	August
mars	-	March	septembre	-	September
avril	-	April	octobre	-	October
mai	-	May	novembre	-	November
juin	-	June	décembre	-	December

TROUVE LES PAIRES

1... 11

2... 15

3... 16

4... 13

5... 9

6... 10

a) J'ai neuf ans   ....

b) J'ai treize ans   ....

c) J'ai dix ans   ....

d) J'ai onze ans   ....

e) J'ai quinze ans   ....

f) J'ai seize ans   ....

QUI PARLE?

 1. Isabelle
3rd March

 2. Jean-Paul
11th November

 3. Delphine
14th June

 4. Patrice
31st January

a) Mon anniversaire, c'est le quatorze juin   *Delphine*

b) Mon anniversaire, c'est le onze novembre

c) Mon anniversaire, c'est le trente et un janvier

d) Mon anniversaire, c'est le trois mars

QU'EST-CE QU'ILS DISENT?

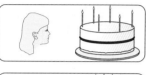 1. 6
1st July

J'ai **six** ans. Mon anniversaire, c'est le *premier juillet*

 2. 12
18th February

 3. 14
13th May

 4. 11
25th September

 5. 8
2nd December

MAINTENANT A TOI!

1. Quel âge as-tu?

2. C'est quand, ton anniversaire?

3. Quelle est la date aujourd'hui? Aujourd'hui c'est le

VOCABULAIRE

Quel âge as-tu? Tu as quel âge ? }	-	How old are you?
J'ai ... ans	-	I am ... years old
C'est quand, ton anniversaire? Quelle est la date de ton anniversire? }	-	When is your birthday?
Mon anniversaire, c'est le ...	-	My birthday is on ...
les mois	-	Months
Quelle est la date aujourd'hui?	-	What is the date today?
Aujourd'hui c'est le ...	-	Today is the ...

TU ES COMMENT?

      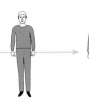

énorme   très grand(e)   grand(e)   assez grand(e)   assez petit(e)   petit(e)   très petit(e)   miniscule

très gros(se)   assez gros(se)   assez mince   très mince

FEMININE AGREEMENTS ARE GIVEN IN BRACKETS

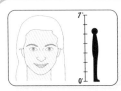

1. Je suis assez grande et mince. J'ai les yeux bleus et les cheveux longs et blonds.

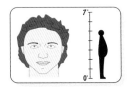

2. Je suis petit et assez gros. J'ai les yeux gris et les cheveux marron et frisés.

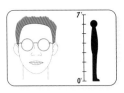

3. Je suis très grand et mince. J'ai les yeux verts et les cheveux roux en brosse. Je porte des lunettes.

4. Je suis assez petite et grosse. J'ai les yeux marron et les cheveux noirs et courts.

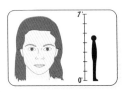

5. Je suis très petite et mince. J'ai les yeux bruns et les cheveux mi-longs et châtain.

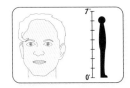

6. Je suis grand et mince. J'ai les yeux gris-verts et les cheveux blonds et raides.

LIS ET DESSINE

1. Je suis petite et mince. J'ai les yeux verts et les cheveux blonds et courts. Je porte des lunettes.
2. Je suis assez grand et gros. J'ai les yeux bruns et les cheveux marron et frisés.
3. J'ai les yeux bleus et les cheveux longs, blonds et raides. Je suis petite.
4. J'ai les yeux gris et les cheveux châtain en brosse. Je suis très grand.

1)	2)	3)	4)

REGARDE ET ECRIS

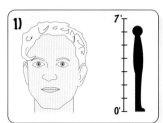

....

....

....

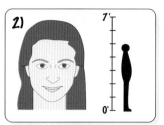

....

....

....

TU ES QUELLE SORTE DE PERSONNE?

 bavard(e)

 travailleur(euse)

 paresseux(euse)

 maladroit(e)

 gourmand(e)

 marrant(e)

 timide

 intelligent(e)

 bête

 sympa

 gentil(le)

 antipathique

TU ES DE QUELLE NATIONALITE?

1. Je suis anglais(e)

2. Je suis écossais(e)

3. Je suis irlandais(e)

4. Je suis gallois(e)

5. Je suis britannique

6. Je suis français(e)

MAINTENANT A TOI!

1. Tu peux te décrire? (Tu as les yeux/les cheveux

   de quelle couleur? Tu es grand(e)/petit(e)?) ....

2. Tu es quelle sorte de personne? ....

3. Tu es de quelle nationalité? ....

NOUNS

NOUNS (NAMING WORDS) in French are either masculine (le) or feminine (la). When you learn a new word in French you should also learn its GENDER (i.e. whether the word is masculine or feminine).

ADJECTIVES AND ADJECTIVE AGREEMENTS

An ADJECTIVE is a DESCRIBING word like big, small, long. Colours are adjectives. When describing one's own appearance or someone else's many adjectives are used. Adjectives in French change their ending depending on the word (NOUN) they are describing -

        if the word is feminine the adjective may require an extra "e"

        if the word is masculine plural an "s"

and,   if the word is feminine plural it may require an "es"

Look at the table below :

Masculine	Feminine	Masculine Plural	Feminine Plural	
grand	grande	grands	grandes	(tall)
petit	petite	petits	petites	(small)
bleu	bleue	bleus	bleues	(blue)

e.g.   Mon frère est grand - my brother is tall

         Ma sœur est petite - my sister is small

         Mes frères sont grands - my brothers are tall

         Mes sœurs sont petites - my sisters are small

         J'ai les yeux bleus et les cheveux longs - I've got blue eyes and long hair

If the adjective already ends in -e or -s no extra -e or -s is added

Masculine	Feminine	Masculine Plural	Feminine Plural	
gris	grise	gris	grises	(grey)
mince	mince	minces	minces	(slim)

e.g.   Elle est mince - she is slim

         Il a les cheveux gris - he has grey hair

Sometimes these adjective agreements are IRREGULAR:

Masculine	Feminine	Masculine Plural	Feminine Plural	
blanc	blanche	blancs	blanches	(white)
gros	grosse	gros	grosses	(large)

e.g.   Ma cousine est assez grosse - my cousin is quite large

Very occasionally, an adjective does not change its ending:

marron (brown) and sympa (nice) never change, no matter what they are describing.

châtain (chestnut) also never changes.

e.g.   J'ai les yeux marron - I have brown eyes

         Ma mère est sympa - My mother is nice

         Elle a les cheveux châtain - She has chestnut hair

WHENEVER YOU USE AN ADJECTIVE IN FRENCH YOU NEED TO CONSIDER WHETHER THE WORDS BEING DESCRIBED ARE MASCULINE, FEMININE, SINGULAR OR PLURAL, AND THEREFORE WHETHER YOU NEED TO CHANGE THE ADJECTIVE ENDING.

FEMININE AGREEMENTS ARE GIVEN IN BRACKETS

APPEARANCE

tu es comment?	-	what do you look like?
tu peux te décrire?	-	can you describe yourself?
je suis	-	I am ......
grand(e)	-	tall
petit(e)	-	small
très	-	very
assez	-	quite, fairly
de taille moyenne	-	average height
mince	-	slim
gros(se)	-	fat, large
j'ai les yeux	-	my eyes are ......
bleus	-	blue
verts	-	green
gris	-	grey
marron	-	brown
j'ai les cheveux	-	my hair is.........
longs	-	long
courts	-	short
mi-longs	-	shoulder length
blonds	-	blonde
roux	-	red
châtain	-	chestnut brown
frisés	-	curly
raides	-	straight
en brosse	-	crew cut
je suis chauve	-	I am bald
je porte des lunettes	-	I wear glasses

NATIONALITY

tu es de quelle nationalité?	-	what nationality are you?
je suis	-	I am
anglais(e)	-	English
français(e)	-	French
écossais(e)	-	Scottish
irlandais(e)	-	Irish
gallois(e)	-	Welsh
britannique	-	British

PERSONALITY

tu es quelle sorte de personne?	-	what kind of person are you ?
sympa	-	nice
gentil(le)	-	kind
intelligent(e)	-	intelligent
travailleur/euse	-	hard-working
marrant(e)	-	funny, amusing
timide	-	shy
paresseux/euse	-	lazy
bavard(e)	-	talkative
gourmand(e)	-	greedy
maladroit(e)	-	clumsy

TU AS DES FRERES OU DES SŒURS?

1. J'ai un frère.

2. J'ai une sœur.

3. J'ai un frère et une sœur.

4. J'ai deux frères et deux sœurs.

5. Je n'ai pas de frères, Je n'ai pas de sœurs - Je suis fils unique.

6. Je suis fille unique.

IL Y A COMBIEN DE PERSONNES DANS TA FAMILLE?

1. Il y a ma mère, mon père, ma sœur et <u>moi</u>.

2. Il y a ma mère, mon père, mon frère et moi.

3. Il y a ma mère, mon beau-père, mon demi-frère, ma demi-sœur et moi.

4. Nous sommes trois - ma mère, mon père et moi. Je suis fille unique.

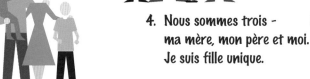

ARBRE GENEALOGIQUE

 mon grand-père Maurice 64 ans   ma grand-mère Sandrine 62 ans

 mon oncle Frédéric 45 ans   ma tante Brigitte 44 ans   mon père Jean 42 ans   ma mère Alice 40 ans

 mon cousin Paul 20 ans   ma cousine Claire 18 ans   mon frère Eric 15 ans   moi, Joëlle 13 ans   ma sœur Cécile 10 ans

Salut ! Moi, je m'appelle Joëlle et j'ai 13 ans. Voici ma famille. Mes parents s'appellent Jean et Alice et ils ont 42 et 40 ans. J'ai un frère qui s'appelle Eric - il a 15 ans et j'ai une sœur qui s'appelle Cécile et elle a 10 ans. Ma tante s'appelle Brigitte. Elle est la sœur de mon père et elle a 44 ans. Son mari s'appelle Frédéric et il a 45 ans. Ils ont deux enfants - un fils qui s'appelle Paul et une fille qui s'appelle Claire. Mon cousin Paul a 20 ans et ma cousine Claire a 18 ans. Mes grands-parents s'appellent Maurice et Sandrine. Ils ont 64 et 62 ans et ils sont très sympa!

LIS ET ECRIS

Regarde l'arbre généalogique et réponds aux questions suivantes:

1. Comment s'appelle le frère de Joëlle?   Il s'appelle Eric.

2. Quel âge a le père de Cécile?

3. Qui est Brigitte?

4. Comment s'appelle le fils de Frédéric et Brigitte?

5. Quel âge a la fille de Maurice et Sandrine?

6. Qui est Paul?

7. Comment s'appelle le cousin de Claire?

VOICI MA FAMILLE

Voici ma grand-mère. Elle s'appelle Céline. Elle a les yeux bleus et les cheveux gris. Elle est gentille.

Voici mon grand-père. Il s'appelle Georges. Il a les yeux bruns et il porte des lunettes. Il est chauve.

Voici ma mère. Elle s'appelle Marie. Elle a les yeux verts et les cheveux longs et blonds. Elle est intelligente.

Voici mon père. Il s'appelle Paul. Il a les cheveux noirs et courts. Il est marrant.

Voici ma sœur. Elle s'appelle Janine. Elle est grande et mince avec les yeux gris-verts et les cheveux châtain et frisés. Elle est bavarde.

MAINTENANT A TOI!

1. Il y a combien de personnes dans ta famille?

   Qui sont ces personnes?

   Comment sont-ils?

2. Tu as des frères ou des sœurs?

   Comment s'appellent-ils?

   Ils ont quel âge?

VERBS

A VERB is a DOING word. In French, as in English, the ending of the verb has to agree with the SUBJECT of the verb i.e. THE PERSON OR THING DOING THE VERB:

e.g. in English   I <u>have</u>   but   he <u>has</u>

You spend a lot of time talking about yourself in French, so it is essential to know how to use the "je" (I) form of the verb. But you also need to ask questions and address other people (you), and to talk about other people (he, she, they) as well as talking about yourself in a group (we).

Let's take a closer look at the different subject pronouns:

je	-	I
tu	-	you (informal, singular, i.e. when addressing a friend or member of your family or someone you know well)
il	-	he, it
elle	-	she, it
nous	-	we
vous	-	you (informal plural, when addressing a group of friends or several members of your family, or formal, when addressing a stranger, or an adult you don't know very well)
ils	-	they (male, or mixed group)
elles	-	they (female group)

Now look at two very common but very IRREGULAR verbs in full:

AVOIR	-	TO HAVE		ETRE	-	TO BE
j'ai	-	I have		je suis	-	I am
tu as	-	you have		tu es	-	you are
il a	-	he has		il est	-	he is
elle a	-	she has		elle est	-	she is
nous avons	-	we have		nous sommes	-	we are
vous avez	-	you have		vous êtes	-	you are
ils ont	-	they have		ils sont	-	they are
elles ont	-	they have		elles sont	-	they are

Elle est sympa.	-	She is nice.
Ils sont très gentils.	-	They are very kind.
Vous êtes anglais?	-	Are you English?
Tu as des frères ou des soeurs?	-	Do you have any brothers or sisters?
Il a trois soeurs.	-	He has three sisters.

N.B. When talking about one's age in French the verb AVOIR is used:

Tu as quel âge?   -   How old are you?

J'ai quatorze ans. -   I am 14.

MEMBERS OF THE FAMILY

Il y a combien de personnes dans ta famille?	-	How many people are there in your family?
Il y a ... personnes dans ma famille.	-	There are ... people in my family.
Tu as des frères ou des sœurs?	-	Do you have any brothers or sisters?
Oui, j'ai ...	-	Yes, I have ...
Non, je n'ai pas de frères ou de sœurs.	-	No, I don't have any brothers or sisters.
Je suis fils unique.	-	I'm an only child (male).
Je suis fille unique.	-	I'm an only child (female).

la famille	-	family	l'oncle	-	uncle
le frère	-	brother	la tante	-	aunt
la sœur	-	sister	le cousin	-	male cousin
le père	-	father	la cousine	-	female cousin
la mère	-	mother	le demi-frère	-	half-brother
les parents	-	parents	la demi-sœur	-	half-sister
les grands-parents	-	grandparents	le beau-père	-	stepfather
le grand-père	-	grandfather	la belle-mère	-	stepmother
la grand-mère	-	grandmother			

PETS

Tu as un animal à la maison?	-	Do you have a pet?	le perroquet	-	parrot
Oui, j'ai ...	-	Yes, I have ...	le cheval	-	horse PLURAL - les chevaux
Non, je n'ai pas d'animal.	-	No, I don't have a pet.	le phasme	-	stick insect
			la souris	-	mouse
le chien	-	dog	la tortue	-	tortoise
le chat	-	cat	la perruche	-	budgerigar
le lapin	-	rabbit	la gerbille	-	gerbil
le hamster	-	hamster			
le cochon d'Inde	-	guinea pig	les poils	-	fur
le poisson (rouge)	-	(gold)fish	les pattes	-	paws
l'oiseau	-	bird			

JOBS

secrétaire	-	secretary	ouvrier/ouvrière	-	manual worker
homme/femme d'affaires	-	businessman/woman	technicien/technicienne	-	technician
employé(e) de bureau	-	office worker	mécanicien/mécanicienne	-	mechanic
employé(e) de banque	-	bank clerk	électricien/électricienne	-	electrician
réceptionniste	-	receptionist			
vendeur/euse	-	sales assistant	Il/elle travaille	-	he/she works ...
boulanger/boulangère	-	baker	dans un bureau	-	in an office
coiffeur/coiffeuse	-	hairdresser	dans un hôpital	-	in a hospital
professeur	-	teacher	dans un garage	-	in a garage
journaliste	-	journalist	dans un hôtel	-	in a hotel
médecin	-	doctor	dans une école	-	school
infirmier/infirmière	-	nurse	dans une usine	-	factory
vétérinaire	-	vet	dans une banque	-	bank
facteur/factrice	-	postman/woman			
maçon	-	builder	au chômage	-	unemployed
ingénieur	-	engineer			

LES METIERS

 secrétaire

 coiffeur/coiffeuse

 électricien/électricienne

 employé(e) de bureau

 professeur

 ouvrier/ouvrière

 employé(e) de banque

 médecin

 maçon

 vendeur/vendeuse

 infirmier/infirmière

 mécanicien/mécanicienne

 boulanger/boulangère

 vétérinaire

 facteur/factrice

Note: The difference between masculine and feminine forms where appropriate.
Masculine form is given first.

Ma mère est médecin
Mon père est employé de bureau
Ma mère travaille dans un hôpital
Mon père travaille dans un bureau

> Note that in French you do not need the words "un" or "une" when talking about a person's job

---

C'EST QUEL JOB?

1. Il/elle travaille dans un garage.   *Il est mécanicien.*

2. Il/elle travaille dans une banque.

3. Il/elle travaille dans un bureau.

4. Il/elle travaille dans un hôpital.

5. Il/elle travaille dans une école.

MAINTENANT A TOI!

1. Que font tes parents dans la vie?

Que fait ta mère?

Que fait ton père?

TU AS UN ANIMAL A LA MAISON?

Oui, j'ai ...

 un chien

 un chat

 un hamster

 un poisson rouge

 un cochon d'Inde

un lapin

un cheval

un oiseau

un perroquet

 un phasme

 une souris

 une tortue

 une gerbille

 une perruche

VRAI OU FAUX?

Bonjour! Je m'appelle Christine. A la maison j'ai deux chats et un poisson rouge. Les chats sont noirs et blancs et ils s'appellent Bruce et Clarence. Mon poisson s'appelle Wanda.

Je m'appelle Serge. J'ai un chien. Il a les yeux bruns et les poils bruns et noirs.
Il aime chasser les chats.

Je m'appelle Martine. Je n'ai pas d'animal à la maison. Malheureusement, je suis allergique aux chats, mais je voudrais avoir une tortue.

1. Martine a une tortue.   faux
2. Serge a un chien marron et noir.
3. Serge aime chasser les chats.
4. Christine a trois animaux à la maison.
5. Les chats de Christine s'appellent Bruce, Clarence et Wanda.
6. Bruce a les poils noirs et blancs.

C'EST QUEL ANIMAL?

1. sonipso   poisson
2. lebriegl
3. asuioe
4. retqreopu
5. euttro

MAINTENANT A TOI!

1. Tu as un animal à la maison?
2. Il/elle s'appelle comment?
3. Il/elle est de quelle couleur?

LES SPORTS - TROUVE LA BONNE IMAGE

 a) 10   b) ....   c) ....   d) ....   e) ....

 f) ....   g) ....   h) ....   i) ....   j) ....

1. Le tennis
2. Le badminton
3. Le foot

4. Le rugby
5. Le tennis de table
6. Le golf

7. Le volley
8. Le basket
9. Le squash
10. Le hockey

Je joue au foot = I play football (see grammar note below)

UNE SEMAINE SPORTIVE

lundi 21 juin	Je joue au tennis le matin et l'après-midi je joue au foot.		Je joue au squash le matin.	vendredi 25 juin
mardi 22 juin	Je joue au tennis de table avec mon frère.		Je joue au basket le soir.	samedi 26 juin
mercredi 23 juin	Je joue au golf avec mon père, j'aime le golf.		Je joue au badminton.	dimanche 27 juin
jeudi 24 juin	Je joue au foot pour le collège - nous gagnons 2-0.			

REPONDEZ AUX QUESTIONS:

a) Quand est-ce qu'il joue au foot?   Il joue au foot lundi et jeudi.

b) Quand est-ce qu'il joue au basket? ....

c) Quand est-ce qu'il joue au golf? ....

d) Quand est-ce qu'il joue au badminton? ....

e) Quand est-ce qu'il joue au tennis? ....

GRAMMAR NOTE: à + le = au (je joue à) + sport = I play
e.g. Je joue <u>au</u> foot

MES OPINIONS

VOCABULAIRE

J'adore le tennis.	-	I love tennis.
J'aime beaucoup le tennis.	-	I like tennis a lot.
J'aime bien le tennis.	-	I really like tennis.
J'aime le tennis.	-	I like tennis.
Le tennis ça va.	-	Tennis is OK.
Je n'aime pas le tennis.	-	I don't like tennis.
Je n'aime pas du tout le tennis.	-	I don't like tennis at all.
Je déteste le tennis.	-	I hate tennis.

QUE PENSES-TU DE CES SPORTS?

A    B    C   D

E    F    G    H

Lis les passe-temps et trouve la bonne image:

a) Je m'appelle Sandrine, j'aime jouer* au tennis et au squash.   E + C

b) Je m'appelle Marc, je n'aime pas jouer au badminton, mais j'adore jouer au rugby.   ....

c) Je m'appelle Cécile, j'aime bien jouer au basket, mais je déteste le foot.   ....

d) Je m'appelle Xavier, j'adore jouer au golf et j'aime bien jouer au tennis de table aussi.   ....

e) Je m'appelle Yannick, et moi j'adore tous les sports; le tennis, le tennis de table,

le badminton, le squash, le foot, le rugby, le golf, je suis très sportif.   ....

---

* If you want to say that you like to play a sport, you need to add an infinitive to 'j'aime'
e.g. J'aime jouer au golf. - I like to play golf.

le vélo   le patin sur glace   la natation

 le karaté   le ski   les promenades

 le patin à roulettes   l'équitation   les courses

With all these hobbies you need to use the verb 'faire'

e.g.

Je fais **du*** vélo.	=	I go cycling.
Je fais **de la** natation.	=	I go swimming.
Je fais **de l'**équitation.	=	I go horse riding.
Je fais **des** promenades.	=	I go walking.

*Notice that you have to use **de** with these hobbies too. There are four possible forms depending on whether the hobby is masculine, feminine or plural - see grammar note on page 26.

REGARDE LES IMAGES ET ECRIS UNE PHRASE:

e.g.   Je fais du vélo et je fais du karaté.   +

a) ....   +

b) ....   +

c) ....   +

d) ....   +

e) ....   +

DESSINE LES IMAGES:

e.g. j'aime le vélo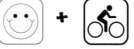

a) je n'aime pas le karaté

b) j'adore le patin sur glace

c) je déteste la natation

d) je n'aime pas du tout les promenades

e) j'aime beaucoup le ski

LIS LA CARTE POSTALE DE BRIGITTE ET DESSINE LES OPINIONS

J'adore faire* de la natation et j'aime beaucoup faire des courses avec mes copines. J'aime bien faire du vélo et j'aime faire des promenades. Le karaté, ça va, mais je n'aime pas faire du patin sur glace et je déteste faire du patin à roulettes, c'est dangereux!

a)

f)  e)  d)  c)  b)

REMPLACE LES IMAGES AVEC DES MOTS:

J'adore faire .... et j'adore faire .... ,

j'aime bien faire .... aussi.

Je n'aime pas faire .... et je n'aime pas du tout faire ....

et je déteste faire ....

MAINTENANT A TOI!
MAINTENANT ECRIS DES PHRASES POUR CES IMAGES:

 ....

 ....

 ....

If you want to say that you like/dislike doing something you need to add an infinitive to 'j'aime'/'je n'aime pas'

e.g. j'aime <u>faire</u> du vélo = I like to go cycling

Je vais au cinéma

Je vais chez mes copains

Je vais à la piscine

Je vais à la discothèque

Je vais à la plage

Je vais au centre sportif

Je vais à la patinoire

Je vais à la campagne

OU VAS-TU SI ...

Choisis la bonne lettre.

1) Tu veux faire des promenades avec le chien? [H]

2) Tu veux faire de la natation? [ ]

3) Tu veux faire du patin sur glace? [ ]

4) Tu veux danser? [ ]

5) Tu veux jouer au badminton? [ ]

6) Tu veux nager dans la mer? [ ]

7) Tu veux regarder un film? [ ]

8) Tu veux parler avec tes copains? [ ]

LA SEMAINE DE MARIE

Lundi je vais chez ma copine, je fais mes devoirs et nous écoutons de la musique. Mardi je vais au centre sportif et je joue au basket, j'aime le basket, c'est amusant. Mercredi je vais à la piscine avec mon petit frère, il adore la natation. Jeudi je ne fais rien, je reste chez moi et je fais mes devoirs. Vendredi soir je vais à la discothèque avec mes copines, j'adore danser. Le weekend je fais des courses avec ma mère, je fais des promenades à la campagne avec le chien. Dimanche je finis mes devoirs et quelquefois je vais au cinéma le soir.

Mets les lettres dans le bonne ordre.

1) [B]   2) [ ]   3) [ ]   4) [ ]   5) [ ]   6) [ ]

LES EMISSIONS A LA TELE

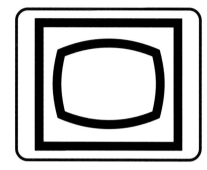

Je regarde la télé

Les dessins animés	-	cartoons
Les émissions de musique	-	music programmes
Les émissions de sport	-	sport programmes
Les émissions sur les animaux	-	animal programmes
Les documentaires	-	documentaries
Les films	-	films
Les feuilletons	-	soaps
Les jeux télévisés	-	quiz shows
La publicité	-	adverts
Les actualités	-	news
La météo	-	the weather

MAINTENANT A TOI!

Qu'est-ce que tu préfères regarder à la télé? ....

Tu regardes combien d'heures par jour? ....

Quelle est ton émission préférée? ....

Tu aimes les feuilletons? ....

REGARDE LE JOURNAL:

ANTENNE 2

18.00   Les Copains, série australienne

18.30   Les informations

19.00   La météo

19.05   Tintin, dessin animé

19.20   Les Sportifs, jeu télévisé

20.00   Les Petites Anglaises, film

22.00   Le Sport aujourd'hui

23.00   Julien Leclerc en concert

VRAI OU FAUX

1. Le film commence à neuf heures le soir.   *faux*

2. Les Sportifs finit à sept heures vingt. ....

3. On peut regarder un dessin animé. ....

4. Il y a une émission de musique. ....

5. Il n'y a pas d'émission de sport. ....

... ET LES FILMS, TU PREFERES QUEL GENRE?

Je préfère les films d'amour

Moi, je préfère les films d'horreur

J'adore les westerns

Moi, j'aime beaucoup les films de guerre

J'aime bien les films de science fiction

COMMENT DIT-ON EN FRANÇAIS?:

a) Love films

b) Cowboy films

c) Horror films

d) War films

e) Science fiction films

... ET LES LIVRES, TU PREFERES QUEL GENRE?

 Je lis les magazines

 Je lis le journal

 Je lis les romans

 Je lis les policiers

 Je lis les livres d'aventures

 Je lis les bandes dessinées

COMMENT DIT-ON EN FRANÇAIS?:

a) I read

b) Magazines

c) Comics

d) Adventure books

e) Novels

f) Thrillers

g) The newspaper

... ET LA MUSIQUE, TU JOUES D'UN INSTRUMENT?

 Oui, moi je joue du violon

 et moi je joue du piano

 Moi, je joue de la batterie

 et moi je joue de la guitare

ET QUAND ...?

Pierre parle de ses loisirs:

J'aime beaucoup le sport, alors je fais du sport cinq fois par semaine; lundi je joue au rugby à l'école, mercredi je fais du vélo avec mon frère, jeudi je joue au tennis, vendredi je fais du patin à roulettes dans le parc et samedi je joue au foot. J'aime aussi sortir, je vais au club des jeunes pour jouer au tennis de table, je vais au cinéma quelquefois avec mes amis, de temps en temps je vais au théâtre avec mes parents et je vais souvent au parc. J'aime aussi rester chez moi pour regarder la télé ou pour jouer avec l'ordinateur, ou je joue de la guitare.

TROUVE CES PHRASES EN FRANÇAIS

a) Five times a week ....

b) Sometimes ....

c) From time to time ....

d) Often ....

IRREGULAR VERBS

There are two important irregular verbs which you need to use when talking about your hobbies - these are FAIRE (to do/make) and ALLER (to go). You will need to know all parts of each verb, here they are:

je fais	-	i do/make	je vais	-	i go
tu fais	-	you do/make	tu vas	-	you go
il fait	-	he does/makes	il va	-	he goes
elle fait	-	she does/makes	elle va	-	she goes
nous faisons	-	we do/make	nous allons	-	we go
vous faites	-	you do/make	vous allez	-	you go
ils font	-	they do/make	ils vont	-	they go
elles font	-	they do/make	elles vont	-	they go

e.g.
    Je <u>fais</u> du karaté   -   I do karate.

    Il <u>va</u> au cinéma.   -   He goes to the cinema.

FAIRE is a very useful verb for talking about hobbies, notice how it is not always possible to translate it by 'do or make'.
e.g.   Nous faisons du patin à roulettes.   -   We rollerskate or we go rollerskating.

Also notice how it is followed by 'DE' in one of its four forms (du, de la, de l', des) depending on whether the following word is:

Masculine singular	DU	LE vélo	Je fais <u>du</u> vélo
Feminine singular	DE LA	LA gymnastique	Je fais <u>de la</u> gymnastique
Plural	DES	LES promenades	Je fais <u>des</u> promenades
Followed by a vowel	DE L'	L'équitation	Je fais <u>de l'</u>équitation

JOUER

Jouer is followed by 'à' when talking about sports;
e.g.   Je joue <u>au</u> badminton.   -   I play badminton.

However it is followed by 'de' when talking about playing a musical instrument;
e.g.   Je joue <u>de la</u> guitare.   -   I play the guitar.

DES OPINIONS

c'est chouette	-	its great
c'est génial	-	it's great
c'est formidable	-	it's wonderful
c'est fantastique	-	it's fantastic
c'est intéressant	-	it's interesting
c'est ennuyeux	-	it's boring
c'est barbant	-	it's boring
c'est moche	-	it's awful
c'est nul	-	it's rubbish

DES VERBES

sortir	-	to go out
aller	-	to go
jouer	-	to play
gagner	-	to win
perdre	-	to lose
s'amuser	-	to enjoy oneself
regarder	-	to watch
écouter	-	to listen to
lire	-	to read
faire	-	to do/make
écrire	-	to write
nager	-	to swim
danser	-	to dance

QUAND

une fois par semaine	-	once a week
le weekend	-	at the weekend
le samedi	-	on Saturdays
rarement	-	rarely
tous les jours	-	every day
tous les lundis	-	every Monday
ne ... jamais	-	never

DES SPORTS

le cricket	-	cricket
le baby-foot	-	table football
le football américain	-	American football

DES INSTRUMENTS

la clarinette	-	the clarinet
la flûte	-	the flute
la flûte à bec	-	recorder
la trompette	-	trumpet

 a) Il est une heure

 b) Il est deux heures

 c) Il est cinq heures

 d) Il est midi

 e) Il est minuit

 f) Il est six heures et demie

 g) Il est midi et demi

 h) Il est minuit et demi

h) Il est neuf heures ...

cinq
dix
et quart
vingt
vingt-cinq

i) Il est neuf heures ...

moins cinq
moins dix
moins le quart
moins vingt
moins vingt-cinq

TROUVE LES BONNES PHRASES

1.    2.   3.    4.   5.

6.   7.    8.    9.    10.

a) Il est six heures et quart   4

b) Il est huit heures moins cinq

c) Il est deux heures et demie

d) Il est midi moins le quart

e) Il est quatre heures

f) Il est neuf heures moins dix

g) Il est cinq heures moins vingt

h) Il est dix heures cinq

i) Il est une heure vingt-cinq

j) Il est midi

PARLE ET ECRIS - QUELLE HEURE EST-IL?

 1)   Il est sept heures.

 2)

 3)

 4)

 5)

 6)

 7)

 8)

 9)

 10)

TROUVE LA BONNE IMAGE

1. 6.50

2. 7.15

3. 7.30

4. 7.55

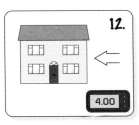
5. 7.30

a) Je me réveille à sept heures moins dix   1

b) Je me lève à sept heures.

c) Je fais ma toilette à sept heures cinq.

d) Je m'habille à sept heures dix.

e) Je prends le petit déjeuner à sept heures et quart.

f) Je me brosse les dents à sept heures et demie.

g) Je quitte la maison à huit heures moins le quart.

h) J'arrive au collège à huit heures moins cinq.

i) Je rentre à la maison à quatre heures.

j) Je mange le dîner à six heures et demie.

k) Je fais mes devoirs à sept heures et demie.

l) Je me couche à dix heures.

12. 4.00

11. 7.10

6. 7.00

10. 6.30

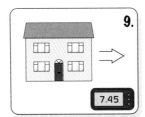
9. 7.45

8. 7.05

7. 10.00

PARLE ET ECRIS

1. Tu te réveilles à quelle heure?   7.00   *Je me réveille à sept heures.*

2. Tu te lèves à quelle heure?   7.05

3. Tu prends le petit déjeuner à quelle heure?   7.20

4. Tu quittes la maison à quelle heure?   7.40

5. Tu rentres à quelle heure?   4.35

6. Tu manges le dîner à quelle heure?   6.15

7. Tu te couches à quelle heure?   10.30

 **1.**
 **2.**
 **3.**
 **4.**
 **5.**

 **6.**
 **7.**
 **8.**
 **9.**
 **10.**

1. Paul se réveille à *sept heures* ....

2. Il se lève à ....

3. Il va dans la salle de bains et il se lave. Il s'habille à ....

4. Il descend et il prend le petit déjeuner à ....

5. Il quitte la maison à ....

6. Il prend l'autobus et il arrive au collège à ....

7. Il rentre à la maison à ....

8. Il mange quelque chose et puis il fait ses devoirs à ....

9. Il mange le dîner avec sa famille à ....

10. Ensuite, il regarde la télévision ou il écoute de la musique dans sa chambre et il se couche à ....

MAINTENANT A TOI!

1. Tu te réveilles à quelle heure? ....

2. Tu te lèves à quelle heure? ....

3. Tu prends le petit déjeuner à quelle heure? ....

4. Tu quittes la maison à quelle heure? ....

5. Tu rentres à quelle heure? ....

6. Tu manges le dîner à quelle heure? ....

7. Qu'est-ce que tu fais le soir? ....

8. Tu te couches à quelle heure? ....

VERBS

French verbs are divided into **3 main groups:**

Those that end in -ER e.g. regarder (to watch), laver (to wash), quitter (to leave)

Those that end in -RE e.g. vendre (to sell)

Those that end in -IR e.g. finir (to finish)

Each group of verbs has its own set of endings which you need to learn!

We will look here at an example of a regular -er verb:

REGARDER - to watch

A REGULAR -ER VERB

je regarde	-	I watch/am watching
tu regardes	-	you watch/are watching
il/elle regarde	-	he/she watches/is watching
nous regardons	-	we watch/are watching
vous regardez	-	you watch/are watching
ils/elles regardent	-	they watch/are watching

e.g. Il regarde la télé.	-	He is watching TV.
Nous jouons au foot.	-	We play football.
Je quitte la maison à huit heures.	-	I leave the house at 8 o'clock.

REFLEXIVE VERBS

Se lever, se laver and se coucher are all examples of **REFLEXIVE VERBS** in French.

A REFLEXIVE VERB is one where you do something to or for yourself e.g. se laver means to wash oneself as opposed to laver which means to wash something else e.g. laver la voiture - to wash the car.

All reflexive verbs have a reflexive pronoun (me, te, se, nous, vous), and this will change depending on the subject of the verb as follows:

SE LAVER - to wash oneself

je <u>me</u> lave	-	I have a wash
tu <u>te</u> laves	-	you have a wash
il/elle <u>se</u> lave	-	he/she has a wash
nous <u>nous</u> lavons	-	we have a wash
vous <u>vous</u> lavez	-	you have a wash
ils/elles <u>se</u> lavent	-	they have a wash

The reflexive pronoun is shortened to m', t', and s' before a vowel:

Je <u>m'</u>appelle

tu <u>t'</u>appelles

il <u>s'</u>appelle

faire sa toilette	-	to have a wash
prendre le petit déjeuner	-	to have breakfast
quitter la maison	-	to leave the house
arriver au collège	-	to arrive at school
rentrer à la maison	-	to return home
manger le dîner	-	to have one's evening meal
faire les devoirs	-	to do one's homework
faire la vaisselle	-	to wash up
ranger sa chambre	-	to tidy one's room
passer l'aspirateur	-	to vacuum clean
laver la voiture	-	to wash the car
faire des achats	-	to do the shopping
promener le chien	-	to walk the dog (je promène)*
vider le lave-vaisselle	-	to empty the dishwasher
mettre la table	-	to set the table
préparer les repas	-	to prepare the meals
ne rien faire	-	to do nothing
je ne fais rien pour aider à la maison	-	I do nothing to help at home
je dois aider à la maison	-	I have to help around the house
recevoir	-	to receive
je reçois	-	I receive
par semaine	-	per week
par mois	-	per month
argent de poche (m)	-	pocket money
acheter	-	to buy
j'achète	-	I buy
gagner	-	to earn (also means to win)
faire des économies	-	to save
donner	-	to give
quand j'en ai besoin	-	when I need it
ça ne suffit pas	-	that's not enough

REFLEXIVE VERBS

se réveiller	-	to wake up
se lever	-	to get up (je me lève)*
se laver	-	to have a wash
se laver les cheveux	-	to wash one's hair
se doucher	-	to have a shower
s'habiller	-	to get dressed
se brosser les dents	-	to brush one's teeth
se coucher	-	to go to bed
s'appeler	-	to be called (je m'appelle)
s'amuser	-	to have fun

* Note the change in the verb.

a) Je fais la vaisselle

b) Je fais mon lit

c) Je passe l'aspirateur

d) Je lave la voiture

e) Je fais des achats

f) Je promène le chien

g) Je vide le lave-vaisselle

h) Je prépare les repas

i) Je ne fais rien

VRAI OU FAUX?

Bonjour! Je m'appelle Jean-Luc. Pour aider à la maison, je dois faire mon lit et tous les jours je promène le chien. Le weekend j'aide ma mère dans le jardin. Quelquefois je vide le lave-vaisselle. C'est Christophe, mon frère aîné qui passe l'aspirateur et qui met la table. Ma sœur ne fait rien, mais elle n'a que trois ans!

1. Jean-Luc ne fait rien pour aider à la maison. _faux_

2. Jean-Luc fait son lit. ....

3. Il passe l'aspirateur. ....

4. Il promène le chien le samedi et le dimanche. ....

5. Christophe est plus âgé que Jean-Luc. ....

MAINTENANT A TOI!

Qu'est-ce que tu fais pour aider à la maison? Fais une liste.

....

....

1. Sandrine

Je reçois huit euros par semaine. J'achète des bonbons et des magazines. Je ne fais pas d'économies.

2. Pierre

Je reçois vingt-cinq euros par mois comme argent de poche. Pour ça, je dois aider à la maison. Je range ma chambre et je fais la vaisselle. Avec mon argent de poche j'achète des magazines et je vais au cinéma. Je fais des économies pour mes vacances.

3. Debbie

Je reçois trente livres sterling comme argent de poche chaque mois. A la maison je mets la table et je passe l'aspirateur. Avec l'argent que je gagne j'achète des vêtements et des choses pour le collège et je fais des économies.

4. James

A la maison je fais la vaisselle et je lave la voiture. Je ne reçois pas d'argent de poche, mais mes parents me donnent de l'argent quand j'en ai besoin - pour aller au cinéma et regarder les matchs de foot.

5. Daniel

Je reçois quatre euros par semaine comme argent de poche. Ça ne suffit pas.
Je ne fais rien pour aider à la maison.

C'EST QUI?

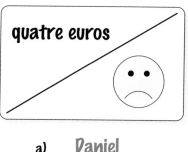  

a) .....Daniel.....   b) ....   c) ....

d) ....   e) ....

MAINTENANT A TOI!

1. Tu reçois de l'argent de poche? Combien? ....

2. Qu'est-ce que tu achètes avec ton argent? ....

3. Tu fais des économies? ....

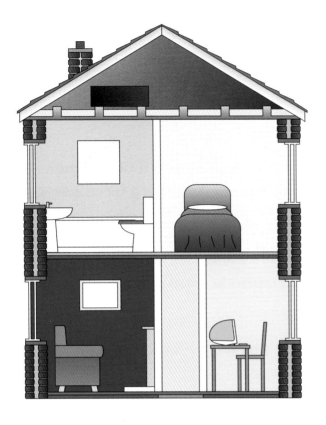

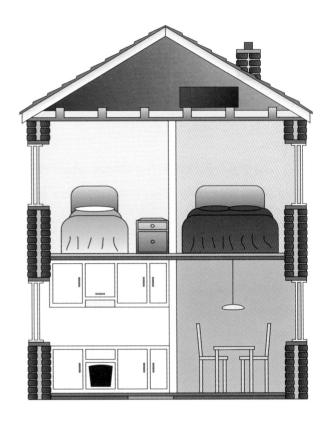

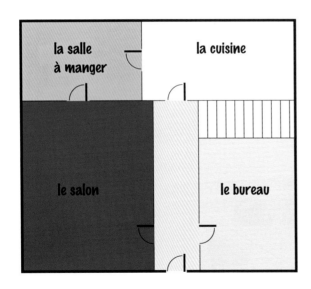

Au rez-de-chaussée

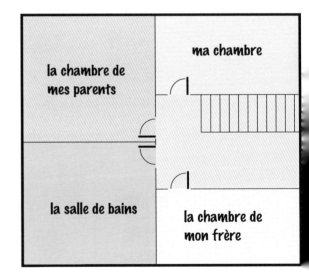

Au premier étage

Ma maison est assez grande. Il y a huit pièces. Au rez-de-chaussée quand on entre il y a la cuisine juste en face. A gauche il y a le salon et à droite il y a le bureau. La salle à manger est entre le salon et la cuisine. Au premier étage il y a ma chambre à droite, et la chambre de mes parents à gauche. En face de ma chambre il y a la chambre de mon frère. La salle de bains est entre la chambre de mes parents et la chambre de mon frère.

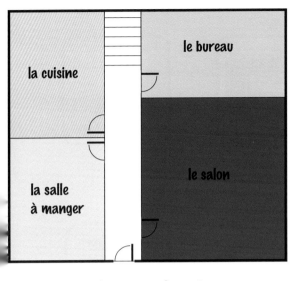

Au rez-de-chaussée

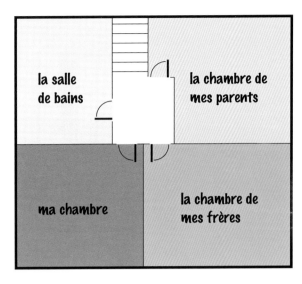

Au premier étage

Regarde les plans et réponds aux questions suivantes:

1. Où est le salon? .... *Le salon est au rez-de-chaussée, à côté du bureau.*

2. Où est la salle à manger? ....

3. Où est le bureau? ....

4. Où est la salle de bains? ....

5. Où est ta chambre? ....

MAINTENANT A TOI!

Décris ta maison!

1. Il y a combien de pièces?

2. Quelles sont les pièces et où sont-elles? ....

....

3. Où est-ce que tu manges le dîner? ....

4. Où est-ce que tu fais tes devoirs? ....

5. Où est-ce que tu regardes la télé/écoutes de la musique? ....

DANS MA CHAMBRE IL Y A ...

un lit

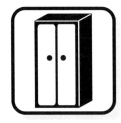
une armoire

une commode

une chaise

un bureau

un miroir

une télé

des étagères

une stéréo

une platine-laser

une lampe

une radio

des posters

des CDs

un ordinateur

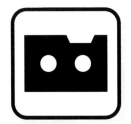
des cassettes

des livres

un réveil

des rideaux

un tapis

LIS ET ECRIS

Ma chambre est assez grande. Les murs sont jaunes et les rideaux sont verts.

Dans ma chambre il y a un lit, une armoire, un bureau et une chaise, une commode et des étagères.

Sur mon bureau il y a un ordinateur et sur les étagères il y a beaucoup de livres. J'ai aussi une stéréo et beaucoup de CDs et de cassettes. Dans ma chambre je fais mes devoirs et j'écoute de la musique. Ma chambre est bien rangée. J'aime bien ma chambre.

1. Qu'est-ce qu'il y a dans la chambre de Danielle?

   Il y a un lit, une armoire, un bureau et une chaise, une commode et des étagères.

2. Les rideaux et les murs sont de quelle couleur?

3. Que fait Danielle dans sa chambre?

4. Comment est la chambre?

5. Que pense-t-elle de sa chambre?

LIS ET REMPLIS LES BLANCS

Qu'est-ce qu'il y a dans la chambre de Vincent? Remplis les blancs.

Ma chambre est assez ____grande____ . Je partage avec mon _____ . Dans notre chambre il y a des _____ superposés, une _____ et une commode. Il y a beaucoup de _____ au mur. Nous avons aussi un _____ , une stéréo et une _____ . Les rideaux sont _____ et les murs sont blancs. Il y a des vêtements, des _____ et des CDs par terre. Je _____ partager.

> lits, livres, frère, posters, n'aime pas, grande, armoire, télévision, bleus, ordinateur

MAINTENANT A TOI!

1. Tu partages ta chambre?

2. Comment est ta chambre?

3. Les rideaux et les murs sont de quelle couleur?

4. Qu'est-ce qu'il y a dans ta chambre?

5. Qu'est-ce que tu fais dans ta chambre?

6. Tu aimes ta chambre?

Bonjour James! Bienvenu en France! Je te présente ma famille - ma mère, mon père, et mon frère Daniel.

As-tu soif?
Tu veux boire quelque chose?
As-tu faim?
Tu veux manger quelque chose?

Es-tu fatigué?
Oui, je suis très fatigué après le voyage.

Je peux téléphoner à mes parents s'il te/vous plaît?
Voici ta chambre.

Où est la salle de bains s'il te/vous plaît?
Je peux prendre une douche s'il te/vous plaît?

Tu as une serviette?
Tu as un sèche-cheveux?

Tu as du savon?
Tu as un réveil?

A TABLE

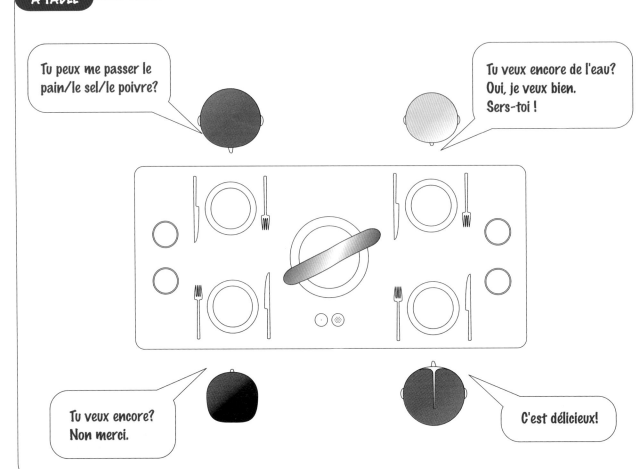

Tu peux me passer le pain/le sel/le poivre?

Tu veux encore de l'eau?
Oui, je veux bien.
Sers-toi !

Tu veux encore?
Non merci.

C'est délicieux!

COMMENT DIT-ON EN FRANÇAIS ...?

1. Welcome to France. .... *Bienvenu en France.*

2. Please (when addressing your penfriend). ....

3. Please (when addressing your penfriend's parents). ....

4. May I telephone my parents? ....

5. Where is the bathroom? ....

6. Do you have a hairdryer? ....

7. Are you thirsty? ....

8. Do you want some more water? ....

9. Can you pass me the bread? ....

10. Help yourself! ....

LIS ET REMPLIS LES BLANCS

Bonjour! .... *Bienvenu* .... en France. Je te .... ma famille - .... père,

ma mère et ma sœur Delphine. As-tu .... ? Voici de la limonade. As-tu .... ?

Il y a des sandwichs dans la cuisine. Tu es .... après le voyage?

Je te montre ta .... Mais d'abord il faut .... à tes parents.

On mange le petit déjeuner à huit heures demain. Tu as un .... ? Alors, tu vas te coucher?

.... !

ATTENTION! IL Y A 10 BLANCS MAIS 15 POSSIBILITES!

Bonjour	fatigué	réveil	soif	présente	serviette	au revoir	téléphoner
faim	bonne nuit	bienvenu	ma	chambre	table	mon	

VOCABULAIRE

avoir soif	-	to be thirsty
avoir faim	-	to be hungry
boire quelque chose	-	to drink something
manger quelque chose	-	to eat something
fatigué(e)	-	tired
le voyage	-	journey
s'il te plaît	-	please
s'il vous plaît	-	please (polite or plural form)
prendre une douche	-	to take a shower

une serviette	-	towel
un sèche-cheveux	-	hairdryer
un savon	-	soap
un réveil	-	alarm clock
passer	-	to pass, hand over
le pain/le sel/le poivre	-	bread/salt/pepper
tu veux encore?	-	would you like some more?
sers-toi!	-	help yourself!

MA TROUSSE

une trousse

un crayon

un stylo

une gomme

une règle

un taille-crayon

une colle

des ciseaux

une calculatrice

DESSINE LA TROUSSE:

Qu'est-ce qu'il y a dans ta trousse?

Dans ma trousse il y a trois stylos bleus, deux règles,
une gomme, des ciseaux rouges, un crayon noir,
un crayon vert, un crayon jaune, et un crayon orange,
il n'y a pas de colle, mais il y a un taille-crayon.

MON SAC

un cahier

un livre

une trousse

un dictionnaire

des baskets

un t-shirt

un short

des chaussettes

un portefeuille

DECRIS TON SAC:

Il est grand? Il est de quelle couleur? Qu'est-ce qu'il y a dedans? ....

....

LA SALLE DE CLASSE

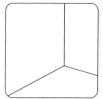

le mur

la porte

la fenêtre

la table

la chaise

le tableau

le rétroprojecteur

la magnétophone

les élèves

REPONDS AUX QUESTIONS SUIVANTES:

a) Il y a combien d'élèves dans ta classe de français? ....

b) Il y a combien de tables dans ta salle de classe? ....

c) Il y a combien de fenêtres dans ta salle de classe? ....

d) Il y a combien de chaises dans ta salle de classe? ....

LES COURS

Regarde l'emploi du temps et choisis le bon dessin pour chaque cours:

a)

	lundi	mardi	mercredi	jeudi	vendredi
9.00-10.00	anglais (1)	français (2)	biologie (3)	dessin (4)	musique (5)
10.00-11.00	allemand (6)	mathématiques (7)	chimie (8)	éducation physique (9)	espagnol (10)
11.00-12.00	géographie (11)	histoire (12)	informatique (13)	technologie (14)	éducation religieuse (15)

o)

n)

c) d) e) f) g) h) i) j) k) l) m)

REPONDS AUX QUESTIONS SUIVANTES:

a) A quelle heure commence l'espagnol?   *l'espagnol commence à dix heures*

b) A quelle heure finit l'histoire? ....

c) Quel jour est-ce qu'on a l'anglais? ....

d) Quel jour est-ce qu'on a l'informatique? ....

C'EST QUELLE LETTRE?

1) Je déteste les sciences, je ne comprends rien.
_D_

2) La technologie, ça va. C'est utile.

3) Je n'aime pas le dessin, c'est difficile.

4) J'aime les maths, c'est facile.

5) J'adore l'allemand, c'est très intéressant.

A — I like maths, it's easy.

B — I don't like art, it's difficult.

C — I love German, it's very interesting.

D — I hate science, I don't understand anything.

E — Technology is OK. It's useful.

LES COMPARAISONS

Voici les préférences de Marc - écris l'anglais

Le dessin est plus intéressant que les maths.
A. Art is more interesting than maths.

L'anglais est moins intéressant que l'éducation physique.
D.

La géographie est aussi intéressante que l'histoire.
B.

L'informatique est meilleure que les sciences.
E.

La musique est pire que le dessin.
C.

Les sciences sont plus utiles que les maths.
F.

Qu'est-ce qu'il préfère dans chaque cas? (a) le dessin. (b)...

Et toi, qu'est-ce que tu préfères? Donne tes opinions des matières.

MON COLLEGE

Mon collège s'appelle Chenet, il est grand et assez moderne. Il y a mille élèves et soixante professeurs. Le collège se trouve à Birmingham au centre de la ville. Au collège il y a une cantine, un gymnase, beaucoup de salles de classe et même une piscine, mais elle est très petite. J'aime mon collège parce que j'ai beaucoup d'amis là et les professeurs sont gentils. Je n'aime pas les devoirs, il y en a trop!

VRAI OU FAUX?

a) Il y a 1,000 étudiants au collège. .... vrai

b) Il y a 50 professeurs. ....

c) On peut manger au collège. ....

d) On peut faire de la natation au collège. ....

e) Il a beaucoup de devoirs. ....

Maintenant décris ton collège.

....

....

L'UNIFORME

Je m'appelle Julie, Je porte un uniforme scolaire, je ne l'aime pas parce que c'est moche! Je porte une jupe grise, un chemisier blanc, une cravate rouge et un pull rouge, je porte un collant noir et des chaussures noires aussi.

Je m'appelle John, je porte un pantalon gris, une chemise blanche, une cravate rouge et un pull noir. J'aimerais porter un jean et un t-shirt comme en France.

LA JOURNEE SCOLAIRE

Mets les phrases en ordre:

1) Les cours commencent à neuf heures dix. .... D

2) Les cours finissent à quatre heures moins le quart. ....

3) Je mange le déjeuner à midi et demi. ....

4) Je me lève à huit heures moins cinq. 1

5) Il y a une récréation à onze heures. ....

6) Le déjeuner finit à une heure vingt-cinq. ....

7) Après l'école je fais mes devoirs à quatre heures et demie. ....

8) La récréation finit à onze heures vingt. ....

9) Je mange le petit déjeuner à huit heures et quart. ....

10) Je mange le dîner à six heures. ....

Maintenant choisis l'heure correcte pour chaque phrase:

A   B

C   D

E   F

G   H

I   J

COMPARISONS

In order to compare two things in French you need to use one of the following constructions:

> Plus ... que ...   -   more ... than ...
> Moins ... que ...   -   less ... than ...
> Aussi ... que ...   -   as ... as ...

e.g. L'anglais est <u>plus</u> utile <u>que</u> le dessin.
(English is <u>more</u> useful <u>than</u> Art.)

L'allemand est <u>moins</u> intéressant <u>que</u> le français.
(German is <u>less</u> interesting <u>than</u> French.)

L'espagnol est <u>aussi</u> amusant <u>que</u> le français.
(Spanish is <u>as</u> enjoyable <u>as</u> French.)

Remember that you will have to make the adjective agree, as normal, if the subject you are describing is feminine or plural:

e.g. La technologie est plus intéressant<u>e</u> que le dessin.
(Technology is more interesting than Art.)

Les sciences sont plus intéressant<u>es</u> que l'histoire.
(Science is more interesting than History.)

Some comparatives are irregular:

e.g. bon - good   meilleur - better   mauvais - bad   pire - worse

e.g. La géographie est bonne, mais l'histoire est meilleure.
(Geography is good, but History is better.)

L'éducation physique est mauvaise, mais la musique est pire!
(P.E. is bad but Music is worse!)

If you want to say that you prefer one thing to another you can use 'préférer à', obviously you will need to change 'à' to 'au' or 'aux' depending on whether the word following it is masculine or plural.

e.g. Je préfère le dessin <u>à la</u> technologie.
(I prefer Art to Technology.)

Je préfère l'histoire <u>à la</u> musique.
(I prefer History to Music.)

Je préfère les maths <u>aux</u> sciences.
(I prefer Maths to Science.)

L'ECOLE

L'école	-	school
Le collège	-	school (age 12-15)
Le lycée	-	school (age 15-18)
Sixième	-	year 7
Cinquième	-	year 8
Quatrième	-	year 9
Troisième	-	year 10
Seconde	-	year 11
Première	-	year 12
Terminale	-	year 13
La salle de classe	-	classroom
La salle des professeurs	-	staffroom
Le gymnase	-	gymnasium
Le laboratoire	-	laboratory
Le terrain de foot	-	football pitch
Le court de tennis	-	tennis court
Le professeur	-	teacher
Le proviseur	-	headmaster (lycée)
le directeur	-	headmaster (collège)
le cours	-	lesson
la matière	-	subject
apprendre	-	to learn
étudier	-	to study
enseigner	-	to teach
les devoirs	-	homework
l'emploi du temps	-	timetable
la récréation	-	breaktime

LES MATIERES

L'art dramatique	-	Drama
Les travaux manuels	-	Craft, Design and Technology (C.D.T.)
Les études de commerce	-	Business Studies
L'éducation religieuse	-	Religious Education (R.E.)
Le dessin	-	Art
L'anglais	-	English
L'allemand	-	German
Le français	-	French
La physique	-	Physics
L'histoire	-	History
La géographie	-	Geography
La chimie	-	Chemistry
La biologie	-	Biology
L'espagnol	-	Spanish
L'informatique	-	I.T.
La musique	-	Music
La technologie	-	Technology
Les mathématiques	-	Maths
L'éducation physique	-	P.E.

LA TROUSSE

La trousse	-	pencil case
La règle	-	ruler
La gomme	-	rubber
La colle	-	glue
Le taille-crayon	-	pencil sharpener
Le crayon	-	pencil
Le stylo	-	pen
Le feutre	-	felt tip
Le crayon de couleurs	-	coloured pencil

LES OPINIONS

Facile	-	easy
Difficile	-	difficult
Ennuyeux	-	boring
Important	-	important
Amusant	-	enjoyable

J'HABITE DANS...

une maison

un appartement

un bungalow

une ferme

en ville

dans la banlieue

au bord de la mer

à la montagne

à la campagne

J'habite à Towcester. C'est une ville près de Northampton.

J'habite à Little Brington. C'est un village près de Northampton.

C'EST QUI?

1. Marie habite dans un petit village à la montagne.

2. Danielle habite à la campagne dans une ferme.

3. Elizabeth habite dans une grande maison avec un balcon au bord de la mer.

4. Elise habite dans un bungalow dans la banlieue. Elle a un grand jardin.

5. Thomas habite dans un appartement dans un grand immeuble en ville.

(a)    *4*

(b)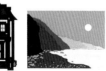

(c)

(d)

(e)

OU HABITES-TU?

QU'EST-CE QU'IL Y A A WESTHAMPTON?

A Westhampton il y a:

 des magasins un supermarché un restaurant un café

 un marché un cinéma une poste un pub

 une banque un stade une église un club des jeunes

 un jardin public un théâtre un musée une boîte de nuit

NB : on peut + infinitive = one can do something

QU'EST-CE QU'ON PEUT FAIRE A WESTHAMPTON?

 On peut aller au cinéma.   On peut faire du sport.

 On peut faire des achats.   On peut visiter le musée.

QU'EST-CE QU'ON PEUT FAIRE ICI?

a.   b.   c.   d.   e.   f.

VRAI OU FAUX?

1. On peut faire des promenades dans le jardin public.   vrai

2. On peut aller à la piscine.

3. On peut faire des courses.

4. On peut aller au théâtre.

5. On peut faire du sport.

6. On peut visiter le musée.

7. On peut danser.

8. On peut manger dans un restaurant.

QU'EST-CE QUE TU DIS?

TU CHERCHES ....   QU'EST-CE QUE TU DIS?

1.   *Pour aller au cinéma s'il vous plaît?*

2.

3.

4.

5.

NB : pour aller <u>à la</u> poste
<u>au</u> café
<u>à l'</u>église
<u>aux</u> magasins

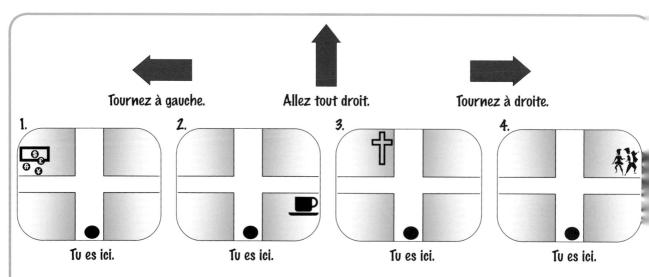

Tournez à gauche.   Allez tout droit.   Tournez à droite.

Tu es ici.   Tu es ici.   Tu es ici.   Tu es ici.

1. Pour aller à la banque s'il vous plaît?   *Tournez à gauche.*

2. Pour aller au café s'il vous plaît?

3. Pour aller à l'église s'il vous plaît?

4. Pour aller au club des jeunes s'il vous plaît?

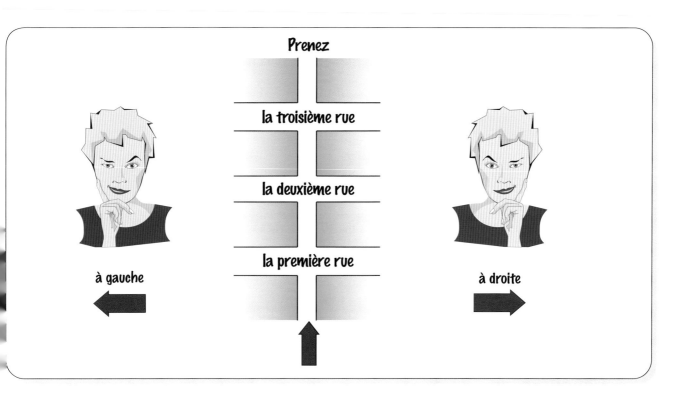

Prenez

la troisième rue

la deuxième rue

la première rue

à gauche

à droite

QU'EST-CE QUE C'EST?

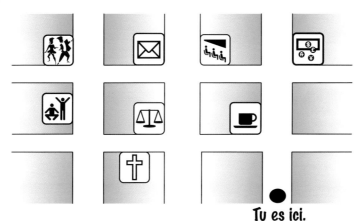

Tu es ici.

1. Allez tout droit. Prenez la deuxième rue à droite, et c'est à gauche.

                 C'est .... la banque. ....

2. Prenez la première rue à gauche et c'est à droite. ....

3. Prenez la deuxième rue à gauche et puis la deuxième rue à droite, et c'est à gauche.

....

4. Prenez la deuxième rue à gauche et puis la première à droite et c'est à droite.

QU'EST-CE QUE TU DIS?

1. Pour aller au marché s'il vous plaît? ....

2. Pour aller à la poste s'il vous plaît? ....

3. Pour aller au centre sportif s'il vous plaît? ....

4. Pour aller à l'église s'il vous plaît? ....

IMPERATIVES (COMMANDS)

If you are giving instructions or orders to someone in French in the 'VOUS' (polite/plural) form, you simply drop the 'vous':

e.g.	vous tournez - you turn	becomes	tournez - turn
	vous allez - you go	becomes	allez - go
	vous prenez - you take	becomes	prenez - take

If you are giving instructions to a friend or relative in the 'TU' form, once again you drop the 'tu', and with -ER verbs you also drop the 's' from the end of the verb:

e.g.	tu tournes - you turn	becomes	tourne - turn
	tu vas - you go	becomes	va - go
	tu prends - you take	becomes	prends - take

The 'NOUS' form of the verb can also be used in a similar way, and is translated into English by 'Let's.......'

e.g.	nous allons - we go	becomes	allons! - let's go!
	nous chantons - we sing	becomes	chantons! - let's sing!

REGULAR -RE AND -IR VERBS

We have already met regular -ER verbs on p.32. Here are examples from the other two main groups of verbs - -RE and -IR verbs:

VENDRE - TO SELL
A REGULAR - RE VERB

je vends	-	I sell, am selling, do sell
tu vends	-	you sell, are selling, do sell
il/elle vend	-	he/she sells, is selling, does sell
nous vendons	-	we sell, are selling , do sell
vous vendez	-	you sell, are selling, do sell
ils/elles vendent	-	they sell, are selling, do sell

FINIR - TO FINISH
A REGULAR - IR VERB

je finis	-	I finish, am finishing, do finish
tu finis	-	you finish, are finishing, do finish
il/elle finit	-	he/she finishes, is finishing, does finish
nous finissons	-	we finish, are finishing, do finish
vous finissez	-	you finish, are finishing, do finish
ils/elles finissent	-	they finish, are finishing, do finish

une maison	-	house	une banque	-	bank
individuelle	-	detached	une poste	-	post office
jumelée	-	semi-detached	des magasins	-	shops
un appartement	-	flat	une piscine	-	swimming pool
un immeuble	-	a block of flats	un stade	-	sports stadium
un balcon	-	balcony	un jardin public	-	park
un bungalow	-	bungalow	une église	-	church
une ferme	-	farm	un café	-	cafe
à la campagne	-	in the countryside	un restaurant	-	restaurant
en ville	-	in town	un pub	-	pub
au bord de la mer	-	by the sea	un théâtre	-	theatre
à la montagne	-	in the mountains	un club des jeunes	-	youth club
dans la banlieue	-	in the surburb	une boîte de nuit	-	night club
une ville	-	town	une auberge de jeunesse	-	youth hostel
un village	-	village	une gare	-	railway station
près de	-	near to	un hôtel de ville	-	town hall
il y a	-	there is/there are	un château	-	castle
un cinéma	-	cinema	un musée	-	museum
un marché	-	market	un commissariat de police	-	police station
un supermarché	-	supermarket			

faire des courses	-	to go shopping
faire des achats	-	to go shopping
faire du sport	-	to play, practise sports
faire une promenade	-	to go for a walk
aller au cinéma, à la piscine etc	-	to go the the cinema, swimming pool etc
visiter le château, le musée etc	-	to visit the castle, museum etc
chercher	-	to look for
se trouver	-	to be situated
où se trouve ....?	-	where is ....?
dans le nord	-	in the north
dans le sud	-	in the south
dans l'est	-	in the east
dans l'ouest	-	in the west
dans le nord-est	-	in the north-east
de l'Angleterre	-	of England
pour aller au/ à la/ à l'/ aux............	-	how do I get to...........?
tournez à gauche	-	turn left
tournez à droite	-	turn right
allez tout droit	-	go straight on
prenez	-	take
la première, deuxième, troisième rue	-	the 1st, 2nd, 3rd street/road
à gauche	-	on the left
à droite	-	on the right
continuez	-	continue

AU MARCHE

Une pomme – an apple

Un chou-fleur – a cauliflower

Une banane – a banana

Une carotte – a carrot

Une fraise – a strawberry

Un champignon – a mushroom

Une poire – a pear

Bonjour Madame, vous désirez?
Bonjour Monsieur, je voudrais un kilo
de* pommes s'il vous plaît.
Voilà, et avec ça?
Deux kilos de* carottes s'il vous plaît.
C'est tout?
Oui c'est tout, c'est combien?
Quatre euros au total.
Voilà, au revoir Monsieur.
Au revoir Madame.

Un oignon- an onion

Une framboise – a raspberry

Un poireau – a leek

Une cerise – a cherry

Une pomme de terre – a potato

Une pêche – a peach

Des petits pois – peas

Une orange – an orange

Des haricots verts – green beans

Un ananas – a pineapple

De l'ail – garlic

Un melon – a melon

Un chou – a cabbage

*notice that you use 'de' after an expression of quantity to mean 'of'.

A LA BOULANGERIE/PATISSERIE

Le pain – bread

Un pain au chocolat
– pastry filled with chocolate

Une baguette – a French stick

Un pain aux raisins – pastry with raisins

Bonjour Madame, je peux vous aider?
Bonjour Madame, oui, je voudrais
une baguette s'il vous plaît.
Voilà, et avec ça?
Avez-vous des croissants?
Oui, vous en* voulez combien?
J'en* prends six s'il vous plaît.
Je vous dois combien?
Ça fait cinq euros, cinquante.
Merci beaucoup Madame, au revoir.

Une ficelle – a French stick (thin)

Une brioche – a bun

Un petit pain – a bread roll

Un éclair au chocolat
– a chocolate éclair

Le pain complet – brown bread

Un gâteau – a cake

Un croissant – a croissant

Une tarte aux fraises – a strawberry tart

*Notice the use of 'en' to mean 'of them'.

FAIRE DES COURSES I

2

A LA BOUCHERIE/CHARCUTERIE/POISSONNERIE

le bœuf – beef

Le poulet – chicken

le saumon – salmon

l'agneau – lamb

Bonjour Monsieur, c'est combien le jambon s'il vous plaît?

Le jambon coûte dix euros le kilo Madame.

Bon, j'en prends cinq cents grammes s'il vous plaît et un kilo de saucisses aussi.

Bien sûr Madame, et avec ça?

Vous avez du saumon?

Non, je suis désolé, il n'en reste plus.

Alors c'est tout merci. Ça coûte combien?

Ça fait douze euros, soixante-dix au total.

Voilà, au revoir Monsieur.

Merci, au revoir Madame.

Les crevettes – prawns

le jambon – ham

la truite – trout

le porc – pork

le poisson – fish

le pâté – pâté

Le saucisson – large sausage

les saucisses – sausages

A L'EPICERIE

Le sucre – sugar

Le thé – tea

Milk

Le beurre – butter

Le lait – milk

Bonjour Monsieur, avez-vous de la confiture s'il vous plaît?

Oui Madame, à la fraise ou aux abricots?

A la fraise s'il vous plaît, et un paquet de café aussi.

C'est tout?

Non, je prends une bouteille de vin rouge et une boîte de thé aussi.

Voilà Madame, ça fait quinze euros, quatre-vingt-dix en tout.

Merci, au revoir Monsieur.

Les oeufs – eggs

L'eau minérale – mineral water

Le fromage – cheese

Le vin rouge – red wine

La confiture – jam

Le vin blanc – white wine

Le riz – rice

La bière – beer

Le café – coffee

Le champagne – champagne

Lonsdale French Revision Guides

cinquante-sept **57**

LES PRIX

Regarde les listes, comment est-ce que tu demandes ces choses?
Enregistre-le sur cassette.

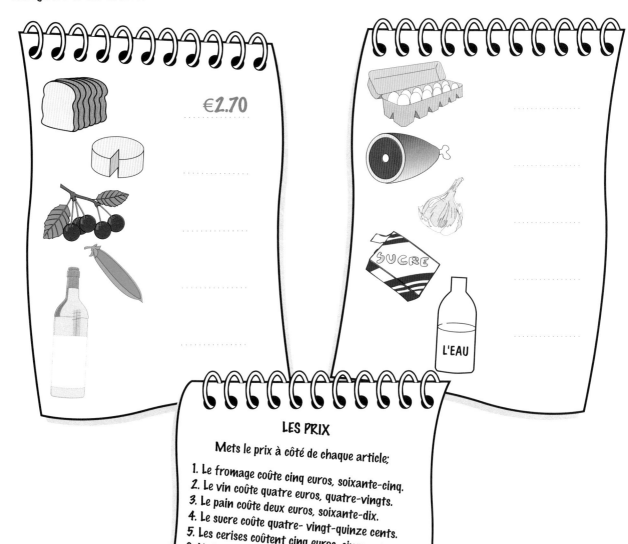

€2.70

SUCRE

L'EAU

LES PRIX

Mets le prix à côté de chaque article:

1. Le fromage coûte cinq euros, soixante-cinq.
2. Le vin coûte quatre euros, quatre-vingts.
3. Le pain coûte deux euros, soixante-dix.
4. Le sucre coûte quatre- vingt-quinze cents.
5. Les cerises coûtent cinq euros, cinquante.
6. L'ail coûte un euro, quatre-vingt-quinze.
7. L'eau coûte quarante cents.
8. Le jambon coûte sept euros, quarante-cinq.
9. Les haricots verts coûtent deux euros, trente.
10. Les œufs coûtent trois euros, vingt-cinq.

OU VA-T-ON...?

1. Si on veut acheter du saumon?   On va à la poissonnerie.

2. Si on veut acheter des champignons?

3. Si on veut acheter du beurre?

4. Si on veut acheter des brioches?

5. Si on veut acheter une baguette?

METS LES PHRASES ENSEMBLE

Je voudrais...	fraises?
Avez-vous des...	ça?
Je vous...	dois combien?
Un kilo de...	de sucre.
Ça coûte...	un kilo de poires.
Un paquet...	combien?
Une bouteille de...	pommes.
Et avec...	vin rouge

REMPLIS LES BLANCS:

Bonjour __Monsieur__ , je voudrais une baguette.

.... Madame, et avec ça?

Vous .... des .... au chocolat?

Oui, vous en voulez .... ?

J'en veux .... s'il vous ....

Voilà, ça fait six ...., trente-six.

Merci beaucoup Monsieur, au revoir.

Au revoir Madame.

pains/avez/combien/plaît/euros/quatre/Monsieur/Bonjour

VRAI OU FAUX ?

1. Elle est à l'épicerie. __faux__

2. Elle achète du pain. ....

3. Il n'y a pas de pains au chocolat.. ....

4. Elle paie 4 euros. ....

LA CARTE

Les Casse-Croûtes

Les Prix

Un sandwich...

Au jambon	€4
Au fromage	€4.60
Au pâté	€4
Une omelette	€5
Un croque-monsieur	€4.30
Un croque-madame	€4.70
Steak-frites	€6
Poulet-frites	€6.50

Les Desserts

Une tarte aux fruits	€4.50

Une glace (deux boules).......

À la vanille	€3.10
À la menthe	
À la fraise	
Au citron	
Au cassis	
Au chocolat	

Les Boissons

Une bière	€3.70
Un verre de vin	€4.10
Un café	€1.80
Un café crème	€2.30
Un thé au citron	€3.30
Un thé au lait	€3.50
Un jus d'orange	€3.10
Une limonade	€3
Un coca cola®	€2.80

VIN

LIS LA CONVERSATION

Bonjour monsieur, qu'est-ce que vous prenez?

Je voudrais un sandwich au fromage pour moi, et pour ma femme une omelette s'il vous plaît.

D'accord, et comme boisson?

Un café pour moi, et un thé au lait pour ma femme.

Vous prenez un dessert?

Oui, vous avez quels parfums de glace?

Nous avons des glaces à la vanille, à la menthe, à la fraise, au chocolat, au citron et au cassis.

Alors, pour moi une glace à la fraise, et pour ma femme une glace au citron.

Tout de suite monsieur.

(20 minutes plus tard)

L'addition s'il vous plaît monsieur.

Bien sûr, alors ça fait €81.60 au total. Merci monsieur, madame, au revoir.

C'EST QUELLE IMAGE ET C'EST COMBIEN?
CALCULE LE PRIX DE CHAQUE COMMANDE.

a.  b.  c.  d.

1.   Je prends une bière et un sandwich au jambon.   __d = €7.70__

2.   Pour moi un croque-monsieur, une tarte aux fraises et un coca.   _____

3.   Moi, je prends le steak-frites et un verre de vin rouge.   _____

4.   Pour moi le poulet-frites, une glace à la vanille et une limonade.   _____

MAINTENANT REGARDE LES DESSINS ET ECRIS LES COMMANDES

1.    2.    3.

1.   _Je voudrais un jus d'orange et une glace au chocolat._

2.   _____

3.   _____

QU'EST-CE QUE C'EST?

1. SEL ISSBONOS   _Les boissons_

2. ELS RIXP   _____

3. SLE SSEDRETS   _____

4. ELS SSECA-ROCUSET   _____

5. AL RATCE   _____

LA CARTE

Les Entrées	Les Prix
Melon	€6.30
Pâté de campagne	€5.80
Soupe à l'oignon	€5
Crevettes à la mayonnaise	€6.60
6 escargots	€8.80

Les Plats Principaux	
Pizza aux champignons	€9.50
Spaghettis à la bolognaise	€10.30
Coq au vin	€10.60
Côtelettes de porc	€11.40
Saumon fumé	€12
Truite aux amandes	€13

Les Desserts	
Gâteau au chocolat	€5.80
Glace (trois boules)	€6.10
Tarte aux pommes	€6.60
Tarte tatin	€7
Fruit de saison	€5.50

Les Boissons	
Vin rouge (bouteille)	€13.30
Vin blanc (bouteille)	€14
Vin rosé (bouteille)	€15
Champagne (bouteille)	€20
Bière	€5.80
Jus de fruits	€4.10
Eau minérale (bouteille)	€3.30
Coca cola©	€3

LIS LA CONVERSATION

Bonjour monsieur, vous avez une table pour quatre personnes s'il vous plaît?

Vous avez réservé?

Oui, c'est au nom de Smith.

D'accord, suivez-moi, voici la carte.

(5 minutes plus tard)....

Qu'est-ce que vous prenez messieurs-dames?

Alors, comme entrée 3 soupes à l'oignon et un pâté de campagne.

Oui monsieur, et comme plat principal?

Comme plat principal deux spaghettis à la bolognaise, un saumon fumé et un coq au vin.

Et comme dessert?

Pour moi, la tarte aux pommes, pour ma femme la tarte tatin, pour lui une glace au chocolat et pour elle le gâteau s'il vous plaît.

Très bien monsieur, et pour boire?

Une bouteille de vin blanc s'il vous plaît.

(plus tard)....

Monsieur, l'addition s'il vous plaît.

Tout de suite monsieur.

Le service est compris?

Non, le service n'est pas compris.

Merci, au revoir.

Merci, au revoir.

REGARDE LA CONVERSATION, COMMENT DIT-ON EN FRANÇAIS?:
(ATTENTION: IL FAUT CHANGER DES MOTS)

a) Have you got a table for three?   *Vous avez une table pour trois?*

b) Have you reserved? _____

c) It's in the name of Jones. _____

d) Here's the menu. _____

e) What would you like? _____

f) As a starter for me the melon. _____

g) As a main course for my wife trout with almonds. _____

_____

h) As a dessert for him vanilla ice-cream and for her apple tart. ____

_____

i) To drink, a bottle of champagne please. _____

j) The bill please. _____

k) Is the service included? _____

REMPLIS LES BLANCS POUR TOI:

a) Comme entrée je voudrais _____

b) Comme plat principal je prends _____

c) Comme dessert, pour moi _____

d) Comme boisson je prends _____

REGARDE LES IMAGES, L'ADDITION C'EST COMBIEN?

1.   2.   3.

1. ___€27.70___   2._____   3._____

There are several ways of saying 'some' in French and you should know how to work out which one to choose. It often depends on the item that you are asking for and whether it is masculine, feminine or plural.

You will often need to ask for 'some ...' in relation to food especially. Look at the following explanations:

a) If the item is masculine (le/un) for example 'un gâteau' and you want to ask for 'some cake', then you need to use 'du' (a combination of de + le).
    e.g. Je veux du gâteau. – I want some cake.

b) If the item is feminine (la/une) for example 'une tarte' and you want to ask for 'some tart', then you need to use 'de la'.
    e.g. Je veux de la tarte. – I want some tart.

c) If the item begins with a vowel in French for example 'l'eau' and you want to ask for 'some water', then you need to use 'de l'' (you miss out the 'e' or 'a' to avoid having two vowels together).
    e.g. Je veux de l'eau. – I want some water.

d) If the item is plural (les) for example 'les frites' and you want to ask for 'some chips', then you need to use 'des' (a combination of de + les).
    e.g. Je veux des frites. – I want some chips.

In certain circumstances you need to use 'de' on its own without adapting it, for example:

    (i)   after an expression of quantity.
        e.g. Je veux un kilo de pommes. – I want a kilo of apples.

    (ii) after a negative.
    (iii) e.g. Je ne veux pas de gâteau. – I don't want any cake.

Les numéros 40+

40	-	quarante	100	- cent
50	-	cinquante	101	- cent un
60	-	soixante	110	- cent dix
70	-	soixante-dix	200	- deux cents
71	-	soixante et onze	201	- deux cent un
72	-	soixante-douze	221	- deux cent vingt et un
73	-	soixante-treize	1,000	- mille
79	-	soixante-dix-neuf	1,200	- mille deux cents
80	-	quatre-vingts	1,202	- mille deux cent deux
81	-	quatre-vingt-un	2,000	- deux mille
90	-	quatre-vingt-dix	1,000,000	- un million
91	-	quatre-vingt-onze	1,000,000,000	- un milliard
99	-	quatre-vingt-dix-neuf		

LA NOURRITURE

un raisin	–	grape	une asperge	– asparagus
un pamplemousse	–	grapefruit	une aubergine	– aubergine
un cassis	–	blackcurrant	une courgette	– courgette
une prune	–	plum	une frite	– chip
un pruneau	–	prune	une crêpe ...	– pancake ...
une pêche	–	peach	au citron	– with lemon
un abricot	–	apricot	au miel	– with honey
un brocoli	–	broccoli	au sucre	– with sugar
un poivron	–	pepper	au beurre	– with butter
un radis	–	radish	un hot-dog	– hotdog
un concombre	–	cucumber	un hamburger	– hamburger
une laitue	–	lettuce	une salade	– salad
un artichaut	–	artichoke	une quiche	– quiche

AU CAFE/RESTAURANT

le menu du jour	–	menu of the day	sec	– dry
le plat du jour	–	dish of the day	brut	– dry (of champagne)
la spécialité	–	speciality	demi-sec	– medium dry
fait maison	–	home-made	doux	– sweet
un pourboire	–	tip	un couteau	– knife
une carafe	–	jug	une fourchette	– fork
bien cuit(e)	–	well cooked	une cuillère	– spoon
à point	–	medium rare	une assiette	– plate
saignant(e)	–	rare	un bol	– bowl/dish
un apéritif	–	aperitif (drink before meal)	un verre	– glass
un digestif	–	digestive (drink after meal)	le serveur	– waiter
l'alcool	–	alcohol	la serveuse	– waitress
le cognac	–	brandy		

AU MARCHE

mûr(e)	–	ripe
vert(e)	–	unripe
frais/fraîche	–	fresh
bon(ne)	–	good
le goût	–	taste
le parfum	–	flavour

une jupe

une veste

des chaussettes

un short

une robe

des baskets

un imperméable

un maillot de bain

une cravate

un pull

un chapeau

un chemisier

une chemise

un t-shirt

un pantalon

des chaussures

METS LE PRIX SUR LE VETEMENT:

a) Le chapeau coûte dix-sept euros.

b) La jupe coûte onze euros.

c) Le pantalon coûte quinze euros.

d) Les baskets coûtent vingt euros.

e) La robe coûte vingt-cinq euros.

f) Le chemisier coûte treize euros.

LES COULEURS

Gris	Rouge	Bleu	Jaune	Vert	Rose

Brun	Pourpre	Orange	Blanc	Noir

LIS LA CONVERSATION

Bonjour monsieur, je peux vous aider?
Oui, je cherche une chemise.
De quelle couleur?
Je voudrais une chemise bleue s'il vous plaît.
Bien sûr, vous faites quelle taille?
Je fais du 40.
D'accord, voilà monsieur.
Je peux l'essayer?
Oui, les cabines d'essayage sont là-bas.

(quelques minutes plus tard)

Je la prends, c'est combien?
Ça fait trente-trois euros monsieur.
Merci voilà.

COMMENT DIT-ON EN FRANÇAIS?:

a) Can I try it on? ....

b) I'm a size 40. ....

c) The changing rooms are over there.

....

d) What size are you? ....

e) I'm looking for a shirt. ....

f) What colour? ....

g) I'll take it. ....

REGARDE LES VETEMENTS SUIVANTS ET FAIS LES CONVERSATIONS:

T: 38
€50

a.

P: 42
€83

b.

....

....

P: 36
€75

c.

T: 32
€33

d.

....

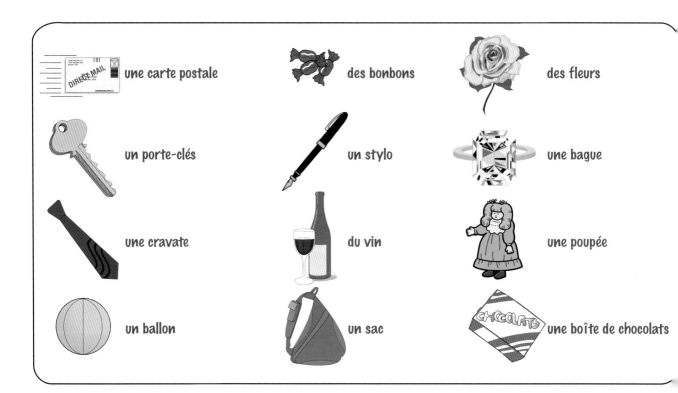

une carte postale

des bonbons

des fleurs

un porte-clés

un stylo

une bague

une cravate

du vin

une poupée

un ballon

un sac

une boîte de chocolats

COMPLÈTE LES PHRASES:

a)   Pour ma mère je vais acheter . . . .

b)   Pour mon père je vais acheter . . . .

c)   Pour ma sœur je vais acheter . . . .

d)   Pour mon frère je vais acheter . . . .

e)   Pour mon ami(e) je vais acheter . . . .

LIS LA CONVERSATION:

Bonjour Madame, je cherche quelque chose pour ma mère.

Alors, nous avons des bonbons, elle aime les bonbons?

Non, elle ne les aime pas.

Peut-être des boucles d'oreilles alors?

Non, elle est allergique à l'argent.

Quelle dommage, peut-être un foulard?

Non, elle n'aime pas ces couleurs.

Nous avons de jolis bibelots, est-ce qu'elle aime les bibelots?

Non, elle déteste les bibelots.

Bon, tu veux essayer un autre magasin alors!

VRAI OU FAUX?

a)   Il cherche un cadeau pour sa sœur.   *faux*

b)   Sa mère adore les bonbons.   ....

c)   Elle ne peut pas porter des boucles d'oreilles.   ....

d)   Elle aime toutes les couleurs.   ....

e)   Elle n'aime pas les bibelots.   ....

f)   Il achète quelque chose.   ....

REPONDS AUX QUESTIONS:

a.

b.

c.

d.

a) Tu aimes les fleurs?   ....

b) Tu aimes la poupée?   ....

c) Tu aimes le porte-clés?   ....

d) Tu aimes le ballon?   ....

CHOISIS TON OPINION:

C'est trop cher.	It's too expensive.
C'est laid.	It's ugly.
C'est moche.	It's horrible.
C'est adorable.	It's lovely.
C'est joli.	It's pretty.
C'est mignon.	It's cute.
Je n'aime pas la plastique.	I don't like plastic.
Je n'aime pas le cuir.	I don't like leather.

DIRECT OBJECT PRONOUNS

This is a grammatical term for words such as 'it' and 'them' when you use them to replace a noun.
eg. I like the shirt, I'll take <u>it</u> ('it' = the shirt).

In French you have a choice of 3 words; <u>le</u>, <u>la</u> or <u>les</u> depending on whether the item you are talking about is masculine (le), feminine (la) or plural (les). The direct object pronoun has to go <u>before</u> the verb in French.
eg. Je <u>le</u> prends. – I'll take <u>it</u>.

a) If you are talking about something that is masculine for example 'un chemisier', then you will need to use 'le' to replace it.
eg. J'aime le chemisier, je <u>le</u> prends. (I like the blouse, I'll take <u>it</u>.)

b) If you are talking about something that is feminine for example 'une jupe', then you will need to use 'la' to replace it.
eg. J'aime la jupe, je <u>la</u> prends. (I like the skirt, I'll take <u>it</u>.)
Remember that le and la will shorten to 'l'...' if the following word (in this case a verb) starts with a vowel:
'je l'aime' – I like <u>it</u>.

c) If you are talking about something that is plural for example 'les chaussures' then you will need to use 'les' to replace it.
eg. J'aime les chaussures, je <u>les</u> prends. (I like the shoes, I'll take <u>them</u>.)

LUI AND LEUR

There are also <u>indirect object pronouns</u> which are used to mean 'to him/her' (lui) or 'to them' (leur).

eg. 1. Je donne un livre <u>à mon frère</u> pour son anniversaire.
(I give a book <u>to my brother</u> for his birthday.)

Je <u>lui</u> donne un livre pour son anniversaire.
(I give a book <u>to him</u> for his birthday) is the literal translation
although in English we would normally say 'I give him a book for his birthday'.

eg. 2. Je donne des chocolats <u>à mes parents</u> pour Noël.
(I give chocolates <u>to my parents</u> for Christmas.)

Je <u>leur</u> donne des chocolats pour Noël.
(I give chocolates <u>to them</u> for Christmas.)

DES VETEMENTS

des gants	–	gloves
une écharpe	–	scarf
des sandales	–	sandals
des bottes	–	boots
un collant	–	tights
un slip de bain	–	swimming trunks
un slip	–	underpants
une culotte	–	knickers
un soutien-gorge	–	bra
un survêtement	–	tracksuit
un sweat	–	sweatshirt
en coton	–	in cotton
en laine	–	in wool
en soie	–	in silk
en acrylique	–	in acrylic
à manches courtes	–	short-sleeved
à manches longues	–	long-sleeved
à carreaux	–	checked
à rayures	–	striped
à pois	–	spotted

FAIRE LES COURSES

les soldes	–	sales
la pointure	–	size (shoes)
la taille	–	size (clothes)
la caisse	–	cash desk
payer	–	to pay
un chèque	–	cheque
une carte de crédit	–	credit card
en espèces	–	in cash
en liquide	–	in cash
la monnaie	–	change
un rayon	–	department
le rayon des chaussures	–	shoe department
une grande surface	–	department store
une boutique	–	(clothes) shop
ça me va?	–	does it suit me?
trop	–	too
petit(e)	–	small
grand(e)	–	big
moyen(ne)	–	medium
essayer	–	to try (on)
une cabine d'essayage	–	changing room
un tissu	–	material

DES CADEAUX

un souvenir	–	souvenir
une montre	–	watch
une bague	–	ring
un bracelet	–	bracelet
un collier	–	necklace
un livre	–	book
un calendrier	–	calendar
le parfum	–	perfume
l'après-rasage	–	aftershave

USING 'à'

'A' changes when followed by le or les (when le or la is followed by a noun beginning with a vowel this becomes l') in the following manner:

Masculine singular	au	Le tennis	Je joue au tennis
Feminine singular	à la	La piscine	Je vais à la piscine
Followed by a vowel	à l'	L'église	Je vais à l'église
Plural	aux	Les cartes	Je joue aux cartes

USING 'à' WITH PARTS OF THE BODY

If you want to tell someone which part of your body hurts you need to use 'j'ai mal ...' + à.

Depending on whether the part of the body is masculine, feminine, begins with a vowel or is plural there are

four options; 'au', 'à la', 'à l'...' or 'aux'.

e.g. 1.   If the word is masculine for example 'le nez' then you need to use 'au':

J'ai mal au nez. – My nose hurts.

e.g. 2.   If the word is feminine for example 'la bouche' then you need to use 'à la':

J'ai mal à la bouche. – My mouth hurts.

e.g. 3.   If the word begins with a vowel for example 'l'oeil' then you need to use 'à l'...':

J'ai mal à l'oeil. – My eye hurts.

e.g. 4.   If the word is plural for example 'les yeux' then you need to use 'aux':

J'ai mal aux yeux. – My eyes hurt.

Notice that in French when you refer to a part of your body you use 'le, la or les' (the),

rather than 'mon, ma or mes' (my).

LES PARTIES DU CORPS

le corps	-	body	l'estomac	-	stomach
les cheveux	-	hair	le cœur	-	heart
la joue	-	cheek	les poumons	-	lungs
le menton	-	chin	les reins	-	kidneys
les sourcils	-	eyebrows	la foie	-	liver
les paupières	-	eyelids	le pouce	-	thumb
les cils	-	lashes	le coude	-	elbow
le front	-	forehead	le poignet	-	wrist
la dent	-	tooth	la cheville	-	ankle
la langue	-	tongue	le talon	-	heel
la lèvre	-	lip	les orteils	-	toes
la gorge	-	throat	les doigts de pied	-	toes
les fesses	-	bottom			

LES MALADIES

j'ai mal à	-	it hurts/it's sore/it aches
se couper	-	to cut oneself
je me suis coupé le doigt	-	I've cut my finger
se brûler	-	to burn oneself
je me suis brûlé la main	-	I've burnt my hand
se tordre	-	to twist/sprain
je me suis tordu la cheville	-	i've sprained my ankle
un rhume	-	a cold
une toux	-	a cough
la grippe	-	flu
la diarrhée	-	diarrhoea
la constipation	-	constipation
la fièvre	-	temperature

CHEZ LE DOCTEUR/LE PHARMACIEN

un comprimé	-	tablet	je ne me sens pas bien	-	I don't feel well
des antibiotiques	-	antibiotics	ça vous fait mal?	-	does that hurt?
une piqûre	-	injection	ça fait mal	-	it hurts
rester au lit	-	to stay in bed	un plombage	-	filling
trois fois par jour	-	three times a day	le dentiste	-	dentist
prendre un rendez-vous	-	to make an appointment	avoir mal au cœur	-	to feel sick
une ordonnance	-	prescription	vomir	-	to vomit
grave	-	serious	la douleur	-	pain
qu'est-ce qui ne va pas?	-	what's wrong?	douloureux/euse	-	painful
ça ne va pas	-	I'm not very well			

TU VEUX...

 aller au cinéma?　　 aller à la piscine?　　 jouer au football?

 manger au fast-food?　　 aller chez Isabelle?　　 faire du vélo?

 oui, super　　 bonne idée　　 oui, d'accord　　 oui, je veux bien　　 je ne peux pas

 je n'ai pas le temps　　 je n'ai pas la forme　　 je n'ai pas d'argent

 je dois faire mes devoirs　　 je dois ranger ma chambre

ON SE RETROUVE OU?

 devant le cinéma?　　 à la piscine?　　 à l'arrêt d'autobus?

 chez moi?　　 chez toi?

ON SE RETROUVE A QUELLE HEURE?

 à huit heures　　 à six heures et demie　　 à sept heures et quart

Tu as envie de sortir ce soir?

Oui, tu veux aller au cinéma?

Non, je ne peux pas - je n'ai pas d'argent.

Bon. Si on va chez Elise alors?

Oui, bonne idée. On se retrouve où?

Devant le stade?

Oui, et à quelle heure?

A sept heures, ça va?

Oui, à tout à l'heure alors!

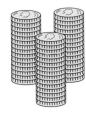

ON SORT

LIS ET REMPLIS LES BLANCS

Tu veux sortir ce soir?

Oui, tu veux a) *jouer au foot* ?

Non, je suis désolé, b) ....

Si on va c) .... ?

Oui, bonne idée. On se retrouve où?

 d) ....

Oui, et à quelle heure?

 e) ....

Bon. A tout à l'heure!

C'EST QUI?

Céline

Eric

Patrice

Thomas

Danielle

1. Rendez-vous devant le cinéma à huit heures. *Eric*

2. Rendez-vous à l'arrêt d'autobus à quatre heures et quart. ....

3. Rendez-vous chez moi à six heures et demie. ....

4. Rendez-vous au jardin public à cinq heures. ....

5. Rendez-vous au café à quatre heures et demie. ....

MODAL VERBS - VOULOIR, POUVOIR, DEVOIR, SAVOIR

Vouloir, pouvoir, devoir and savoir are examples of **MODAL** verbs in French. Modal verbs are most often used together with another verb in the **INFINITIVE**.

eg.

I can go out this evening.	-	Je peux sortir ce soir.	
You want to play tennis.	-	Tu veux jouer au tennis.	
He has to tidy his room.	-	Il doit ranger sa chambre.	
He knows how to swim.	-	Il sait nager.	

VOULOIR	-	to want to
je veux	-	I want
tu veux	-	you want
il/elle veut	-	he/she wants
nous voulons	-	we want
vous voulez	-	you want
ils/elles veulent	-	they want

POUVOIR	-	to be able to
je peux	-	I can, I am able to
tu peux	-	you can, are able to
il/elle peut	-	he/she can, is able to
nous pouvons	-	we can, are able to
vous pouvez	-	you can, are able to
ils/elles peuvent	-	they can, are able to

DEVOIR	-	to have to
je dois	-	I must, have to
tu dois	-	you must, have to
il/elle doit	-	he/she must, has to
nous devons	-	we must, have to
vous devez	-	you must, have to
ils/elles doivent	-	they must, have to

SAVOIR	-	to know (how to)
je sais	-	I know
tu sais	-	you know
il/elle sait	-	he/she knows
nous savons	-	we know
vous savez	-	you know
ils/elles savent	-	they know

sortir	-	to go out
tu as envie de ...?	-	do you want to ...?
bonne idée	-	good idea
d'accord	-	OK
je veux bien	-	I would like to
je suis désolé(e)	-	I'm sorry
je ne peux pas	-	I can't
je n'ai pas le temps	-	I don't have time
je n'ai pas la forme	-	I don't feel up to it
je n'ai pas d'argent	-	I don't have any money
je dois faire mes devoirs	-	I have to do my homework
je dois ranger ma chambre	-	I have to tidy my room
on se retrouve où?	-	where shall we meet?
un rendez-vous	-	meeting place
à quelle heure?	-	at what time?
devant le cinéma	-	in front of the cinema
à l'arrêt d'autobus	-	at the bus stop
chez moi	-	at my house
chez toi	-	at your house
chez ...	-	at ... 's house
à tout à l'heure!	-	see you later!

VOYAGES

aller	-	to go (je vais - I go)	demi-tarif	-	half-fare
voyager	-	to travel	première classe	-	1st class
un voyage	-	journey	deuxième classe	-	2nd class
à pied	-	on foot	réserver une place	-	to reserve a seat
à bicyclette, en vélo	-	by bike	fumeur	-	smoking
en voiture	-	by car	non-fumeur	-	non-smoking
en autobus	-	by bus	départ	-	departure
en car	-	by coach	arrivée	-	arrival
en taxi	-	by taxi	partir	-	to leave
en train, par le train	-	by train	arriver	-	to arrive
en métro	-	by underground	de quel quai?	-	from which platform?
en avion	-	by aeroplane	billets	-	tickets
en bateau	-	by boat	bagages	-	luggage
en hélicoptère	-	by helicopter	renseignements	-	information
à la gare	-	at the railway station	correspondances	-	connections
le guichet	-	ticket office	sortie	-	exit
un aller simple	-	single ticket	accès aux quais	-	to the platforms
un aller-retour	-	return ticket	salle d'attente	-	waiting room
plein tarif	-	full fare			

Où vas-tu en vacances normalement?

Normalement je vais en France.

Avec qui vas-tu en vacances?

Je vais avec ma famille, mon père, ma mère et mes deux sœurs.

Tu restes dans un hôtel?

Non, nous faisons du camping, il y a un bon camping près de la plage à La Rochelle.

Tu y vas pour combien de temps?

Nous y allons pour une semaine au mois d'août.

Quel temps fait-il normalement?

Il fait du soleil et il fait chaud, 35 degrés!

Tu y vas cette année comme d'habitude?

Non, cette année nous allons à Newquay pour visiter mes grands-parents.

LE CAMPING

Il y a …

un magasin

Il y a …

une piscine

Il y a …

un terrain de boules

Il y a …

un restaurant

Il y a …

les toilettes

Il y a …

un parking

Il y a …

les douches

Il y a …

une salle de jeux

Il y a …

une salle de réunion

QUEL TEMPS FAIT-IL?

La météo

Aujourd'hui à Paris il fait du vent. Il fait froid à Calais et il pleut à Boulogne. Il fait mauvais à Strasbourg dans l'est de la France, il fait environ 14 degrès dans le nord de la France. A Bordeaux, dans l'ouest de la France il fait beau mais il y a des nuages et le ciel est couvert. Dans le sud de la France à Marseille il fait du soleil et à Nice il fait très chaud. Dans les Alpes il neige toujours et la nuit il fait du brouillard.

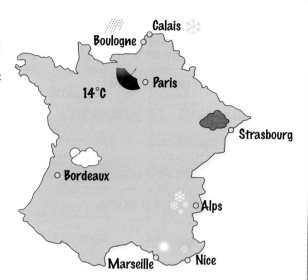

MAINTENANT A TOI! QUEL TEMPS FAIT-IL EN ANGLETERRE?

ET TOI ... REPONDS AUX QUESTIONS:

1. Où vas-tu en vacances normalement?

2. Avec qui vas-tu en vacances?

3. Tu y vas pour combien de temps?

4. Tu restes où?

5. Quel temps fait-il normalement?

6. Qu'est-ce que tu fais pendant la journée?

LES VACANCES L'ANNEE DERNIERE

1

C'EST QUELLE IMAGE?

a) b) c) d) e) f) g)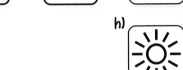

1) L'année dernière je suis allé en Grèce avec ma famille. **(a)**

2) Nous avons voyagé en avion.

3) Nous avons logé dans un hôtel près de la plage.

4) Le soir, nous avons mangé dans un restaurant.

5) J'ai fait de la natation.

6) J'ai joué au volley-ball sur la plage.

7) Je me suis bronzé.

8) J'ai fait des courses au marché.

9) J'ai acheté des souvenirs.

10) J'ai mangé des spécialités de la région.

11) J'ai bu un peu de vin.

12) J'ai visité des sites historiques.

13) Il faisait beau.

h)

i)

j)

k)

m) l)

C'EST QUI?

1) Je suis allé à Paris l'année dernière avec ma sœur. Nous avons visité la Tour Eiffel, le Louvre et nous avons mangé des spécialités.

   Robert

2) Je suis allée en Suisse à Pâques avec mes parents. Nous avons logé dans un hôtel de grand luxe avec une piscine et un restaurant. Nous avons visité Genève et j'ai fait du shopping.

3) L'année dernière je suis resté à la maison. J'ai joué au foot avec mes amis et j'ai fait de la natation.

4) L'année dernière, en hiver, je suis allée dans les Alpes avec des amis. Nous avons fait du ski. Il faisait du soleil et je me suis bronzée un peu!

5) Je suis allé en Espagne avec ma famille. Nous avons voyagé en avion et nous nous sommes bronzés sur la plage.

a) Danielle

b) Yan

c) Patrice

d) Lucie

e) Robert

MAINTENANT A TOI!

1. Où es-tu allé(e) en vacances l'année dernière? ....

2. Tu es allé(e) avec qui? ....

3. Tu as voyagé comment? ....

4. Où as-tu logé? ....

5. Tu es resté(e) combien de temps? ....

6. Quel temps faisait-il? ....

7. Qu'est-ce que tu as fait pendant les vacances? ....
....

A L'HOTEL

Je voudrais...

une chambre à une personne

à deux personnes

avec balcon

avec salle de bains

pour une nuit

avec douche

pour trois nuits

REMPLIS LES BLANCS

Bonjour! Je voudrais réserver *une chambre à une personne.*

Avec douche ou salle de bains?

Avec .... s'il vous plaît.

Vous restez combien de nuits?

C'est pour .... seulement, le ....

Pas de problème. Ça fait 50 euros. Le petit déjeuner est compris.

THE PERFECT TENSE

The PERFECT TENSE is one of the past tenses in French. It is used when talking about something that has happened and is completed and over and done with - e.g. your holidays last year or what you did last night, last weekend etc.

The PERFECT TENSE in French is made up of TWO parts:

An AUXILIARY (HELPING) verb and a PAST PARTICIPLE. The TWO AUXILIARY verbs in French are AVOIR and ETRE.

Let us look first at those verbs which take AVOIR in the Perfect Tense.

(Remind yourself of the verb 'avoir' on page 14.)

Most verbs take the auxiliary verb AVOIR in the Perfect Tense.

The PAST PARTICIPLE of REGULAR verbs is formed in the following way:

> -ER verbs: e.g. voyager (to travel) becomes voyagé
>
> -IR verbs: e.g. finir (to finish) becomes fini
>
> -RE verbs e.g. répondre (to reply) become répondu

J'ai voyagé en Grèce en avion. - I travelled to Greece by plane.

Il a fini ses devoirs. - He has finished his homework.

Nous avons répondu aux questions du professeur. - We replied to the teacher's questions.

There are a number of very common verbs which have IRREGULAR PAST PARTICIPLES.

Here are some examples of irregular past participles which take AVOIR:

> J'ai bu - I drank
>
> J'ai écrit - I wrote
>
> J'ai fait - I did
>
> J'ai lu - I read

THE PERFECT TENSE WITH ETRE

A few very common verbs form the Perfect Tense with ETRE as the auxiliary verb. (Remind yourself of the verb 'être' on page 14.) The past participle of these verbs is rather special in that IT HAS TO AGREE WITH THE SUBJECT OF THE VERB in the same way that adjectives agree with nouns.

E.g. Christine est allée en France. - Christine went to France (extra 'e' to agree with the feminine subject - Christine).

Les garçons sont arrivés à l'hôtel. - The boys arrived at the hotel (extra 's' to agree with plural

subject - les garçons).

Please see opposite page for a list of those verbs which take ETRE in the Perfect Tense.

All REFLEXIVE verbs take the auxiliary verb ETRE in the Perfect Tense:

e.g. Je me suis levé(e) à huit heures ce matin. - I got up at 8a.m. this morning.

Verbs which take **ETRE** in the Perfect Tense:

PAST PARTICIPLE

aller (to go)	-	allé
venir (to come)	-	venu
arriver (to arrive)	-	arrivé
partir (to leave)	-	parti
entrer (to go in)	-	entré
sortir (to go out)	-	sorti
monter (to go up)	-	monté
descendre (to go down)	-	descendu
rester (to stay)	-	resté
retourner (to return)	-	retourné
naître (to be born)	-	né
mourir (to die)	-	mort
tomber (to fall)	-	tombé

en vacances	-	on holiday
l'année dernière	-	last year
où es-tu allé(e)	-	where did you go?
avec qui?	-	with whom?
comment as-tu voyagé?	-	how did you travel?
où es-tu resté(e)?	-	where did you stay?
pour combien de temps?	-	for how long?
quel temps faisait-il?	-	what was the weather like?
il faisait beau/chaud/ du soleil/froid	-	it was fine/hot/sunny/cold

Also any of the above when they appear with a prefix

e.g. devenir - to become
revenir - to come back
repartir - to set off again

NB. Use of the Imperfect Tense **'FAISAIT'** for describing weather details in the past tense.

en été	-	in summer
en hiver	-	in winter
en automne	-	autumn
<u>au</u> printemps	-	in spring
à Pâques	-	at Easter
la plage	-	beach
se bronzer	-	to sunbathe
faire du ski	-	to go skiing
manger des spécialitiés de la région	-	to eat local specialities
visiter des sites historiques	-	to visit historic monuments
acheter des souvenirs/cadeaux	-	to buy souvenirs/presents
un hôtel	-	hotel
de grand luxe	-	luxury
une chambre à une personne	-	single room
à deux personnes	-	double room
avec salle de bains	-	with bathroom
avec douche	-	with shower
avec balcon	-	with a balcony
pour une nuit	-	for 1 night
pour deux nuits	-	for 2 nights
réserver	-	to reserve
le petit déjeuner est compris	-	breakfast is included

CHOISIS LES BONS DESSINS.

Salut, Rachael, où vas-tu en vacances cet été?

1. Je ne sais pas encore. [h]

2. Tu vas rester en Angleterre où tu vas aller en France? [ ] + [ ]

3. Nous n'allons jamais à l'étranger. Je pense que nous allons visiter la région des lacs. [ ]

4. Super, j'adore la région des lacs, tu y vas avec ta famille? [ ]

5. Oui, moi je n'aime pas la région des lacs. Il fait froid et il pleut toujours et il n'y a rien à faire! [ ]

6. Mais si, il y a des choses à faire, tu peux aller faire du canoë sur le lac ou même du windsurf.

   Ça va être chouette. Tu vas rester dans un hôtel? [ ] + [ ] + [ ]

7. Non, nous allons rester dans une auberge de jeunesse! [ ]

8. Ah bon, vous allez rester combien de temps? [ ]

9. Nous allons rester dix jours. Et toi, qu'est-ce que tu vas faire? [ ]

a) [yha triangle] b) [rain cloud] c) [WINDERMERE sign] d) [canoe] e) [windsurf] f) [AUGUST calendar]

g) [building] h) [?] i) [family] j) [France map] k) [England map]

L'AUBERGE DE JEUNESSE

Mets l'anglais avec le français.

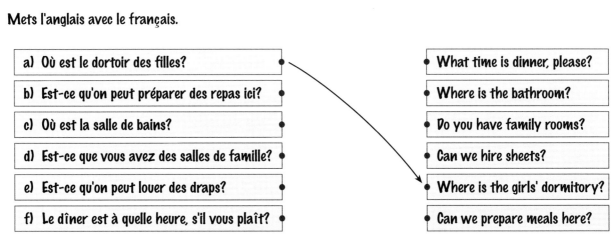

a) Où est le dortoir des filles?		What time is dinner, please?
b) Est-ce qu'on peut préparer des repas ici?		Where is the bathroom?
c) Où est la salle de bains?		Do you have family rooms?
d) Est-ce que vous avez des salles de famille?		Can we hire sheets?
e) Est-ce qu'on peut louer des draps?		Where is the girls' dormitory?
f) Le dîner est à quelle heure, s'il vous plaît?		Can we prepare meals here?

REGARDE LE PLAN DE L'AUBERGE DE JEUNESSE ET ECRIS LES SALLES;

a)	b)	c)
d)	RECEPTION	e)
		f)

La cuisine est au rez-de-chaussée à côté de la réception, la salle à manger est à droite de la cuisine. Il y a une salle de télé à gauche de la réception. Le dortoir des filles est au premier étage à gauche et le dortoir des garçons est à droite. La salle de bains et les douches sont entre les deux dortoirs.

QU'EST-CE QU'ON PEUT FAIRE
A L'AUBERGE DE JEUNESSE?

AUBERGE DE JEUNESSE
DE LA ROCHELLE

ACTIVITES:

Location de vélos	€8 par jour
Location de canoës	€10 par jour
Randonnée avec guide	€4 par personne
Location de raquettes de tennis	€3 par personne
Mini - golf	€2 par personne
Location de chaises pliantes pour la piscine	€1 par personne

MAINTENANT COMPLETE LES PHRASES

1. On peut .....Louer......... des vélos.

2. On peut .... dans la piscine.

3. On peut .... du canoë-kayak sur le lac.

4. On peut .... au tennis.

5. On peut .... à côté de la piscine.

JOUER / FAIRE / PRENDRE UN BAIN DE SOLEIL / LOUER / NAGER

THE SIMPLE FUTURE

If you want to talk about what you are going to do in the future the easiest way is to:

use part of the verb 'aller' + an infinitive (the part of the verb that you find in the dictionary - 'to...').

e.g.   Je <u>vais</u> jouer au tennis en vacances. - I am going to play tennis on holiday.

Il <u>va</u> nager dans la piscine. - He is going to swim in the swimming pool.

Nous <u>allons</u> manger dans un restaurant. - We are going to eat in a restaurant.

(see p.26 for the verb aller)

NEGATIVES

Sometimes you will want to say what you do NOT do, for this you will have to use a NEGATIVE.
There are two parts to negatives in French which are positioned either side of the verb;

e.g. ne ... pas - not   Je <u>ne</u> joue <u>pas</u> au tennis. - I do <u>not</u> play tennis.

Some other negatives which you may want to use and which operate in the same way are:

Ne ... rien - nothing   Il <u>ne</u> fait <u>rien</u>. - He does <u>nothing</u>.

Ne ... jamais - never   Elle <u>ne</u> fait <u>jamais</u> du vélo. - She <u>never</u> goes cycling.

ne ... plus - no longer/no more/not any   Nous <u>n'</u>avons <u>plus</u> d'argent. - We have <u>no more</u> money.

L'AUBERGE DE JEUNESSE

vous avez...?	-	do you have...?
une laverie	-	a laundry
une salle de séjour	-	lounge
un café	-	café
les équipements	-	facilities
loger	-	to stay (in a place)
où est...?	-	where is ...?
le dortoir	-	the dormitory
la salle de bains	-	the bathroom
la réception	-	the reception
la salle de jeux	-	the games room
au sous-sol	-	in the basement
au rez-de-chaussée	-	on the ground floor
au premier étage	-	on the first floor

LES ACTIVITES

on peut...?	-	can you...?
louer	-	hire
un vélo	-	a bike
un bateau	-	a boat
une raquette de tennis	-	a tennis racket
des boules	-	bowls
un drap	-	a sheet
une couverture	-	a blanket
un oreiller	-	a pillow

NEGATIVES

ne ... pas	-	not
ne ... rien	-	nothing
ne ... jamais	-	never
ne ... plus	-	no longer, no more, not any
ne ... personne	-	no-one
ne ... ni ... ni	-	neither ... nor

LES EQUIPEMENTS

est-ce qu'il y a ...?	-	is there a ...?
une piscine	-	a swimming pool
un magasin	-	a shop
un restaurant	-	a restaurant
près d'ici	-	near here

DANS LA CUISINE

une casserole	-	a saucepan
une poêle	-	a frying pan
une assiette	-	a plate
un bol	-	a bowl
une tasse	-	a cup
un verre	-	a glass
un couteau	-	a knife
une fourchette	-	a fork
une cuillère	-	a spoon
des allumettes	-	matches
comment est-ce que ça marche?	-	how does that work?

A
'à' with parts of the body 74
adjectives and agreements 10
age/birthday 6, 7
alphabet 5
amenities 51
au, à la, à l', aux 26, 74
avoir 14

B
bedroom 38, 39

C
café 60, 61
camping 82
comparisons 46, 48

D
daily routine 30, 31
date 7
descriptions 13
direct object pronouns 70
directions 52, 53
doctor's/chemist's 73, 75
du, de la, de l', des 26

E
être 14

F
family 12, 13
films 24

G
geographical surroundings 50, 51
going out 76, 77
greetings 4, 5

H
hobbies 20, 21, 22
holidays, future tense 90, 91
holidays, past tense 86, 87
holidays, present tense 82, 83
hotels 87

I
imperatives 54
indirect object pronouns 70
irregular verbs faire and aller 26

J
jobs 16

M
modal verbs 78
months 6
musical instruments 25

N
negatives 92
nouns 10
numbers (from 40) 64
numbers (to 31) 6

O
opinions 19, 21, 69

P
parts of the body and illness 72
perfect tense avoir and être 88
perfect tense, reflexives 88
personal details 4, 5
pets 17
prepositions 40

Q
quantities 59

R
reading 24
reflexive verbs 32, 33
regular -er verbs 32
regular -re, -ir verbs 54
rooms in house 36, 37

S
school routine 47
school subjects 46
school uniform 47

shopping for food 56, 57, 58, 59
shopping for presents 68, 69
simple future 92
some (de) 64
sports 18, 19
staying with a French family 42, 43

T
television programmes 23
telling the time 28, 29
transport 80
travel by train 81

V
verbs 14
vocabulary:
  clothes, presents 71
  daily routine 33
  directions 55
  doctor's/chemist's 75
  food, café, restaurant 65
  going out, travel 79
  hobbies 27
  holidays, hotel, weather 8
  house, bedroom 41
  household chores 33
  local environment 55
  parts of the body 75
  personal details 11
  pets, jobs, family 15
  pocket money 33
  school 49
  youth hostels 93

W
weather 83

Y
youth hostels 90, 91

P4
1. Bonjour
2. Bonne Nuit
3. Bonsoir
4. Bonjour

P6
1. d
2. e
3. f
4. b
5. a
6. c

P7
Ex I
1. d
2. b
3. a
4. c

Ex 2
1. J'ai douze ans. Mon anniversaire c'est le dix-huit février.
2. J'ai quatorze ans. Mon anniversaire, c'est le treize mai.
3. J'ai onze ans. Mon anniversaire, c'est le vingt-cinq septembre.
4. J'ai huit ans. Mon anniversaire, c'est le deux décembre.

P8
small, slim, green eyes, short blond hair, glasses
quite tall and fat, brown eyes, curly brown hair
blue eyes, long, blond, straight hair, small
grey eyes, light brown spiky hair, very tall

P9
Il est très grand. Il a les yeux bleus et les cheveux blonds, courts et frisés.
Elle est assez grande. Elle a les yeux marron.
Elle a les cheveux longs, bruns et raides.

P13
1. Eric
2. 42
3. la tante de Joëlle
4. Paul,
5. 44
6. le cousin de Joëlle
7. Eric

P16
il est mécanicien
il est employé de banque
il est employé de bureau
il est médecin/infirmier
il est professeur

P17
I
1. faux
2. vrai
3. faux
4. vrai
5. faux
6. vrai

2
1. poisson
2. gerbille
3. oiseau
4. perroquet
5. tortue

P18
I
a. 10
b. 1
c. 9
d. 8
e. 5
f. 4
g. 3
h. 6
i. 7
j. 2

2
a. jeudi/lundi
b. samedi
c. mercredi
d. dimanche
e. lundi

3
a. e + c
b. f + a
c. n + b
d. d + g
e, g, f, c, b, a, d

P19
Je fais des courses et je fais du ski
Je fais du patin sur glace et je fais de l'équitation
Je fais du vélo et du patin à roulettes
Je fais du ski et je fais des promenades
Je fais du karaté et je fais de la natation

P21
I
don't like karate
love ice skating
hate swimming
don't like walking at all
like skiing

Ex 2
a. I really like cycling
b. I like walking
c. I really like shopping
d. I don't like ice skating
e. I hate roller skating
f. karate is OK

Ex 3
du ski/du patin à roulettes/du patin/
de l'équitation/de la natation/des courses

P22
Ex I
1. h
2. c
3. g
4. d
5. f
6. e
7. a
8. b

Ex2
1. b
2. f
3. c
4. d
5. h
6. a

P23
1. faux
2. faux
3. vrai
4. vrai
5. faux

P24
Ex I
a. les films d'amour
b. les westerns
c. les films d'horreur
d. les films de guerre
e. les films de science fiction

Ex 2
a. je lis
b. les magazines
c. les bandes dessinées
d. les livres d'aventures
e. les romans
f. les policiers
g. le journal

P25
a. cinq fois par semaine
b. quelquefois
c. de temps en temps
d. souvent

P29
Ex I
a. 4
b. 6
c. 10
d. 7
e. 1
f. 8
g. 9
h. 2
i. 5
j. 3

Ex 2
2. il est onze heures et quart
3. il est midi/minuit cinq
4. il est quatre heures et demie
5. il est dix heures vingt
6. il est midi/minuit moins le quart
7. il est cinq heures moins cinq
8. il est deux heures moins vingt-cinq
9. il est sept heures moins vingt
10. il est midi/minuit et demi

P30
Ex I
a. 1
b. 6
c. 8
d. 11
e. 2
f. 5
g. 9
h. 4
i. 12
j. 10
k. 3
l. 7

Ex 2
2. Je me lève à sept heures cinq
3. Je prends le petit déjeuner à sept heures vingt
4. Je quitte la maison à huit heures moins vingt
5. Je rentre à cinq heures moins vingt-cinq
6. Je mange le dîner à six heures et quart
7. Je me couche à dix heures et demie

P 31
2. sept heures et quart
3. sept heures et demie
4. huit heures moins le quart
5. huit heures
6. huit heures et demie
7. quatre heures vingt
8. cinq heures
9. six heures et quart
10. neuf heures et demie

P34
2. vrai
3. faux
4. vrai
5. vrai

P35
b. Debbie
c. Sandrine
d. Pierre
e. James

P37
2. la salle à manger est en face du salon or à côté de la cuisine
3. le bureau est a côté du salon or en face de la cuisine
4. la salle de bains est à côté de ma chambre or en face de la chambre de mes parents
5. ma chambre est à côté de la chambre de mes frères or à côté de la salle de bains

P39
Ex I
2. ils sont jaunes et verts
3. elle fait ses devoirs et elle écoute de la musique
4. sa chambre est bien rangée
5. elle aime sa chambre

Ex 2
grande/frère/lits/armoire/posters/
ordinateur/télévision/bleus/livres/n'aime pas

P43
Ex I
2. s'il te plaît
3. s'il vous plaît
4. je peux téléphoner à mes parents?
5. où est la salle de bains?
6. tu as un sèche-cheveux?
7. as-tu soif?
8. tu veux encore de l'eau?
9. tu peux me passer le pain?
10. sers-toi!

Ex 2
bienvenu/présente/mon/soif/faim/fatigué/
chambre/téléphoner/réveil/bonne nuit

P44
3 blue biros, 2 rulers, a rubber, red scissors, coloured pencils (black, green, yellow, orange), no glue, a pencil sharpener

P45
Ex I
a. 11
b. 10
c. 9
d. 8
e. 4
f. 1
g. 15
h. 3
i. 5
j. 13
k. 2
l. 12
m. 7
n. 14
o. 6

Ex 2
b. L'histoire finit à midi
c. lundi
d. mercredi

P46
Ex I
1. d
2. e
3. b
4. a
5. c

Ex 2
b. geography is as interesting as history
c. music is worse than art
d. English is less interesting than P.E.
e. I.T. is better than science
f. science is more useful than maths
Ex 3
b. les deux
c. le dessin
d. l'éducation physique
e. l'informatique
f. les sciences

P47
Ex I
a. vrai
b. faux
c. vrai
d. vrai
e. vrai

Ex 2a
In the correct order: 4, 9, 1, 5, 8, 3, 6, 2, 7, 10

Ex 2b
1. d 2. e 3. a
4. l 5. g 6. j
7. f 8. c 9. b
10. h

P50
a. 4 b. 3 c. 1
d. 5 e. 2

P51
1. vrai 2. faux 3. vrai
4. faux 5. vrai 6. faux
7. vrai 8. vrai

P52
Ex 1
2. pour aller à l'église s'il vous plaît?
3. pour aller à la banque s'il vous plaît?
4. pour aller au centre sportif s'il vous plaît?
5. pour aller au jardin public s'il vous plaît?

Ex 2
2. tournez à droite
3. allez tout droit
4. tournez à droite

P53
Ex 1
1. La banque
2. Le café
3. Le club des jeunes
4. Le cinéma

Ex 2
1. prenez la première rue à gauche
   allez tout droit et c'est à droite
2. prenez la deuxième rue à gauche
   allez tout droit et c'est à droite
3. prenez la première rue à gauche et la deuxième
   rue à droite et c'est à gauche
4. prenez la première rue à gauche
   allez tout droit et c'est à gauche

P58
Ex 1
1. cheese = €5.65
2. wine = €4.80
3. bread = €2.70
4. sugar = €0.95
5. cherries = €5.50
6. garlic = €1.95
7. water = €0.40
8. ham = €7.45
9. beans = €2.30
10. eggs = €3.25

Ex 2
1. à la poissonnerie
2. au marché
3. à l'épicerie
4. à la boulangerie
5. à la boulangerie

P59
Ex 1
je voudrais un kilo de poires
je vous dois combien?
un kilo de pommes
ça coûte combien?
un paquet de sucre
une bouteille de vin rouge
et avec ça?

Ex 2
monsieur/bonjour/avez/pains/combien/quatre/
plaît/euros

Ex 3
1. faux 2. vrai 3. faux 4. faux

P61
Ex 1
1. d (€7.70) 2. a (€11.60)
3. b (€10.10) 4. c (€12.60)

Ex 2
2. je voudrais un verre de vin blanc et un sandwich
   au pâté
3. je voudrais un jus d'orange, une
   omelette et une tarte aux fruits

Ex 3
1. les boissons 2. les prix
3. les desserts 4. les casse-croûtes
5. la carte

P63
Ex 1
b. vous avez réservé?
c. c'est au nom de Jones
d. voici la carte
e. qu'est-ce que vous prenez?
f. comme entrée, pour moi le melon
g. comme plat principal, pour ma
   femme la truite aux amandes
h. comme dessert, pour lui une glace à la vanille
   et pour elle, la tarte aux pommes
i. pour boire, une bouteille de champagne s'il vous
   plaît
j. l'addition s'il vous plaît
k. le service est compris?

Ex 3
2. €37.40 3. €24.90

P66
a. hat = €17 b. skirt = €11
c. trousers = €15 d. trainers = €20
e. dress = €25 f. blouse = €13

P67
Ex 1
a. je peux l'essayer?
b. je fais du 40
c. les cabines d'essayage sont là-bas
d. vous faites quelle taille?
e. je cherche une chemise
f. de quelle couleur?
g. je la prends

P69
a. faux b. faux c. vrai
d. faux e. vrai f. faux

P73
Ex 1
b. la gorge c. I've got a cold
d. I'm coughing e. j'ai soif
f. flu g. restez au lit
h. voilà votre ordonnance

Ex 2
a. 1 b. 7 c. 2
d. 5 e. 4 f. 6
g. 3

P77
Ex 1
b. J'ai mal au pied
c. au cinéma
d. à l'arrêt d'autobus
e. à six heures et demie

Ex 2
1. Eric 2. Patrice 3. Danielle
4. Céline 5. Thomas

P80
2. Caroline va à la plage en train
3. Olivier va au centre sportif à pied
4. Virginie va en Angleterre en avion
5. Martin va à la bibliothèque à vélo

P81
Ex 1
2. je voudrais un aller-retour à Arras
   première classe
3. je voudrais un aller-retour à Paris demi-tarif
   deuxième classe
4. je voudrais un aller simple à Calais demi-tarif
   deuxième classe

Ex 2
1b. de quai numéro 3
1c. il arrive à 11.02
2. il part à 9.12
3. il part de quai numéro 4
4. il part à 8.59
5. il arrive à 10.05

P83
Aujourd'hui à Londres il fait beau mais il y a des
nuages.

A Birmingham il fait du vent.
A Manchester il pleut.
A Leeds le ciel est couvert.
A Newcastle il neige.
A Brighton il fait très chaud.
Dans l'est il fait du soleil.

P86
Ex 1
1. a 2. d 3. f
4. m 5. l 6. g
7. i 8. b 9. e
10. j 11. k 12. c
13. h

Ex 2
1. Robert 2. Lucie 3. Yan
4. Danielle 5. Patrice

P87
b. douche
c. une nuit
d. vingt-trois mai

P90
Ex 1
2. j + k 3. c
4. i 5. b
6. d, e + g 7. a
8. f 9. h or d or e

Ex 2
b. can we prepare meals here?
c. where is the bathroom?
d. do you have family rooms?
e. can we hire sheets?
f. what time is dinner please?

P91
Ex 1
a. dortoir filles
b. salle de bains
c. dortoir garçons
d. salle de télé
e. cuisine
f. salle à manger

Ex 2
1. louer 2. nager
3. faire 4. jouer
5. prendre un bain de soleil